不管怎樣的哭法 我都準備好了

從女孩到女人，福原愛的眼淚哲學

福原愛／口述　　彭薇霓／文字　　篠山紀信／攝影

會笑的女生像太陽，
背後寫著勇敢兩個字。

真實的「假掰」

小愛老公 江宏傑

聽說小愛要多了一個身分:「作家」。我很支持,也覺得很適合她。

和她相處到現在,我不斷發現她神奇的地方;從追求、戀愛、結婚到生子,我在她身上看到許多特點,同時也因為她的存在,給了我許多不可思議的力量。

如果要用一個形容詞來介紹福原愛,我會用「真實的假掰」這五個字。小愛的粉絲們,先別白眼我(笑)。會這樣說,是因為她身上有很多的神奇特質:她很替別人著想、很多禮、很多思緒,做任何事情都有一番令人意想不到的邏輯,很在乎身旁的人會不會因為自己一個動作而受到影響。

剛開始，我還會覺得「怎會那麼假掰」，後來才發現「那些心思都是真的」，她是真實地「想超多」、超用心對待每一件事，不是單純只是外在包裝。

把「假掰」這個字變得親近又很有正面的意義，就是小愛的魅力。

如果沒有長時間跟小愛相處，可能很難明白她整個人散發出來的不可取代性。也許大家看得到她的可愛、喜歡她的外型；或是理解她不到 4 歲就打桌球的堅毅，推崇一路跟拍她的紀錄片；大家甚至看得到她對我的用心，一個人隻身來台灣的勇敢堅強，看到她賢慧的一面。

但這本書，卻能提供你們一位「還未被認識的福原愛」。

她就像是我的心靈導師，每一次聽到她的理論與人生原則後，都會反覆思考「我怎麼沒想過」？一路看著她走過不少挑戰，從那個愛哭、敏感又不敢多言的「愛醬」，蛻變成了現在這樣一個勇敢的女生。

對我來說，最想讓你們認識擁有多重身分的小愛；福原愛不只是我的妻子、不只是兩個孩子的媽媽，也不只是一位來自日本的桌球選手。她其實是每個人在人生道路上迷惘時，能夠帶領大家找到方向的思考家。

雖然我平常跟小愛生活在一起，但在她準備書籍內容時，基本上我是秉持先不看的原則。因為我要等待書籍出版，好好珍惜被「作家福原愛」每一篇字句震撼的機會。

希望你們也是。

寫於 2019/09　江宏傑

希望大家接收到我的感謝之情

獻給翻開這本書的每個人。

大家好，我是前桌球選手福原愛。

也許大家已經知道了，我在 2018 年宣布從職業桌球選手的身分引退。

3 歲 9 個月大時第一次握桌球拍，每天努力練習，度過了 25 年的選手生活。

我把過往生活中的各種想法、很少對外說出口的內心世界，都寫在這本書裡。雖然有些害羞、也很需要些勇氣，但是為了從以前就很支持我的人們，我還是想要把這些話和想法說出來。

希望能透過這本書，讓各位感受到我的感謝之情。

福原　愛

私の本に興味をもっていただいた皆さまへ
元プロ卓球選手の福原愛です。
もしかするとご存知かもしれませんが、私は昨年
(2018年)選手生活に区切りをつけて引退いたし
ました。3歳9ヶ月から卓球のラケットを握り始め、
毎日コツコツと積み上げた約25年間の競技人生。
こ本までどんなことを思い、どんなことを考え生きて
きたのか、あまり話したことのない心の内を綴りま
した。少々照れくさく、そして少し勇気のいることでしたが
これまで応援いただいた皆さまへ、私の培ってきた
こと、それを経て今感じてることをお伝えしたいです。
この本を通じてこれまでの感謝の気持ちが皆さま
へ少しでも伝わるよう願っております。

　　　　　　　　　　　　　　　　福原　愛

chapter 1
眼淚是堅強

chapter 2

眼淚是表達

眼淚 是 堅強

涙は強靭

chapter 1

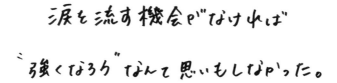

涙を流す機会がなければ
"強くなろう"なんて思いもしなかった。

沒有這些流淚的機會，我不會想要成為更強的人。

01
用眼淚的價值證明自己

──────

「妳知道撕桌球拍的膠皮會發出亮光嗎？」我曾經這樣問經紀人。她回答說，沒有特別注意過，因為這問題本身就很奇怪，誰會在烏漆抹黑的地方弄這個？當然也不知道它會發光啊。

經紀人很疑惑。

會這樣問，是因為我曾經躲在棉被裡，在一盞燈都沒開的地方撕下膠皮又貼上膠皮。那時候的我極度沒有信心，不知道方向在哪裡，遇到事情只會躲起來哭。

那一年，我 11 歲，剛入選國家隊。

後來，14 歲的時候，我通過日本國內選拔，進入世界錦標賽的國手名單。那是一個完全不同的世界，充滿榮耀但也很不安。在大家看來是「哇哇哇！小愛好年輕就當國手了」，我內心也是「哇哇哇！」只是這個「哇」是「我真的可以嗎？」心裡很慌亂。

有些教練說因為我有潛力所以值得栽培，但也有人說我因為年紀小，技術上還沒成熟到跟其他選手一樣好。

　　那麼年輕就跟大前輩們一起征戰，我緊張得不得了。每天什麼都不敢做，深怕做錯事，甚至連洗澡、睡覺、吃飯都是小心翼翼，貼膠皮也是。身為桌球選手，貼、撕膠皮是日常訓練的一部分，也知道撕下時會發光。那時候大家住在一起，我因為沒自信，常躲在棉被裡面撕膠皮，又因為太暗了所以黏不好，得反反覆覆地撕下又重貼。

　　洗澡時，我只敢把蓮蓬頭的水量開成「一條線」，蹲著身體慢慢洗頭、沖水。很怕外界的眼光，也怕打不好、被人說話，做什麼都不對勁。

　　我因為輸球而哭已經不是新鮮事。在生活中愛哭好像沒關係，顯露出委屈也沒關係，但作為一個選手站在球場，太軟弱的話好

像不行吧？我每天都會掉淚，遇到灰心事就哭，不僅是發洩也成了習慣，久了之後好像真的沒有其他解法，只會哭。

有時候常會想，富士電視台的記者佐藤修先生真的是我生命中的貴人之一，是他拿攝影機把 3 歲 9 個月的我拍攝下來給大家看到；是他辛勤地追蹤記錄讓大家喜歡我、了解我；是他不斷出現的身影推了我與家人一把，帶我進入這個世界、持續走在這條道路上。要不然，什麼都不懂的我，怎會如此幸運，得到這麼多的關愛？

一直以來，我被媽媽訓練、也被哥哥保護，雖然桌球之路很艱難，但有家人在身邊，也就挺了過來。

打了 20 幾年的球，我從來都沒有為自己打過比賽，總覺得打好了，大家都會開心，我是為了要讓大家滿意而表現的。

但應該就是這時候開始，我才懂得用更執著的態度看待比賽。我心裡一直覺得——

「萬一打不好，不就對不起沒選上國手的人？」

「萬一不夠努力，我怎麼對得起那些替我高呼創造紀錄的人？」

不能辜負大家的想法、為了讓大家滿意必須有所表現的想法，在我腦中不斷蔓延……也因此，我常常害怕讓人失望。

當時「媛姐」給了我一記當頭棒喝。

大家都知道湯媛媛教練教我桌球有 10 年之久，和我情同姐妹。在她訓練我的期間，最令我印象深刻、也最進入我心裡的一幕，就是 14 歲那年我不斷地哭，她跟我說的一段話。她說：「哭完之後，要變成任何人都承認妳實力的福原愛。」她教會了我哭沒關係，

但之後要用實力證明自己。

　　因此，每當有人問我遇到挫折怎麼辦，我會說：「變得更強！」當我還是小孩時，媛姐用這句話點醒我，到現在，這句話仍是我面對每一次逆境的「法寶」。用眼淚發洩沒關係，但哭完之後要成為更有實力的人。實力能讓你遠離不安的心境，信心就是這樣一點一滴建立起來的。

　　我從不覺得「哭」，就代表脆弱，但我也期許自己在毫無保留地發洩情緒後，「想要變好」的意志力會更強。我到現在都覺得應該感謝眼淚，如果沒有這些哭泣的時刻，我不會想要成為「更強的人」。

　　長大的我有一天在撕膠皮時，突然回想起來小時候的自己，而轉身一看，我也的確成為更堅強的人了。

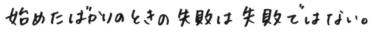

始めたばかりのときの失敗は 失敗ではない。

だって あなたには 後半に いくらでも

挽回する チャンスが 残ってるんだから。

走在起點的失敗不算失敗，
因為還是有可能在後半段邁向成功。

02
成功可能會晚一點現身

很久以前,我就知道中文有一句話叫做「好的開始是成功的一半」,似乎滿有道理的。但如果反過來呢?我發現不少人因此認為,只要開頭做得不夠好就等於失敗;更多的狀況是,因為怕犯錯,所以連開始的勇氣都沒有了。

11 歲的時候,人生第一次出國參賽。一直都在日本國內比賽的我,內心自然是相當期待,但是又有點緊張、不安。可能因為當時年紀小又是第一次出國,心裡很慌亂吧?在整理收拾行李時居然拿錯了鞋子……我帶了兩隻右腳的桌球鞋。

因為拿錯學姐的右腳鞋子和我自己的右腳鞋子,到了丹麥我超傻眼的,完全沒辦法穿。但我還不敢講,畢竟這是我第一次出國比賽,居然搞了這麼大的一個烏龍,所以躲在房間裡死命地想把左腳塞進右腳的鞋子,可是怎樣都穿不進去。最後,我只能尷尬地光著左腳出門。熱身時,教練看著我的腳問:「妳的鞋呢?」大家覺得荒謬,我自己也覺得很糗。

但是教練很好心，幫我到處去找鞋子，想要直接在當地買一雙。沒想到在北歐要找亞洲尺寸、小學生穿的鞋子，竟然這麼難！更何況還得是專業的桌球鞋，在怎樣努力都找不到的情況下，我只好硬著頭皮買了籃球鞋。

右足。　右足と

やってしまった… 糟糕，做了蠢事！

　　旁人看到一定覺得不妙。這個女孩第一次打國際賽，才 11 歲，肯定緊張，居然還沒穿專業的鞋子，籃球鞋跟桌球鞋哪會一樣呢！我還記得那雙籃球鞋的底很厚，在做桌球的擊球動作時一直很不順「腳」。

　　結果，那一場比賽我打進八強。

　　另外一次我去瑞典比賽。因為當地的天氣實在太乾燥了，我就跑去買乳液，想要趕快全身搓一搓就去練習。沒想到訓練流了汗，我發現自己好像對這乳液過敏，開始很癢很不舒服，便跑去廁所想要洗掉身上的乳液，沒想到身體一碰到水，居然起泡泡了。

　　原來，我買了沐浴乳，還把它當成乳液搓滿全身！

　　那時候我才國小年紀，學校也沒有特別教英文，我根本看不懂瓶子上面的字是沐浴乳還是乳液。經過慘痛經驗，才知道買乳

液要找「Lotion」。

　　雖然長大後的我，英文沒有到超棒、超流利的程度，但至少可以日常溝通、買東西時不會搞錯。我從乳液事件之後，開始努力學習簡單的單字，希望自己在國外也能獨立。現在想想，如果當初沒有這失誤，也許後來的我根本不會想要學英文。

　　做菜也是。在準備這本書的時期，有一天親戚來家裡聊天，大家說起想吃炸醬麵，我說：「好啊！沒問題。」一陣忙碌後，從廚房端出一碗碗湯麵，大家看了笑到不行。原來，我不知道炸醬麵不需要加湯，還以為那是種湯麵，大家教會了我，才學到一道新菜色（雖然身邊的人都覺得理所當然，但身為日本人的我確實不了解）。說真的，我不是很會煮菜，但不知道就試試看，因此鍛鍊出今天的我。

　　還有另外一個例子是，出國比賽我都會自己帶電鍋，試煮各種不同的料理，不僅可以控制飲食、也比較衛生。「不會煮、就嘗試看看啊！又不吃虧。」是我內心的想法。結婚前在歐洲陪小傑比賽，那時我為了煮「菜脯蛋」失敗好幾次，一開始是放太少蛋，第二次是放太少油，不斷地調整蛋、油比例，每一次小傑都跟我說「不對」、「不是」、「不一樣」，最後我還是成功做出來了。

　　其實這些故事都是一樣的意思；對我來說，沒帶鞋子或是穿

了不對的鞋子又如何呢？如果我因此膽小而棄賽，或是因此沮喪而逃避，根本無法體會人生中第一次出國比賽就打進八強的滋味，也少了當時許多的成長。

沒有「好的開始」又如何呢？其實真的不會怎樣，因為未知，未必是壞事，人不就是因為未知才會想解決問題嗎？你還是有可能打出好成績、學好英文、做出好吃的菜脯蛋。

起點的失敗不算失敗，因為你還是可以在後半段走到成功的路上。

在日本與人道別時，如果對方是坐車離開，
送的人會鞠躬說 bye-bye，直到車子開遠，
變成米粒般大小才會停止。剛來台灣時，
我也是保持這樣的習慣，坐上車就回頭跟
大家說再見，但經常轉過頭後是一個人也
沒有，當時內心覺得又衝擊又奇妙。

あなたから"卓球"をとったら

何も残らない人にはならないで"

不要在你身上拿走「桌球」後，你就沒有價值了。

03
不讓自己一無所有的方法⋯⋯

大家都看過我媽對我的「桌球魔鬼訓練班」紀錄片，但大家不知道的是，我的世界除了要訓練球技，「念書」這件事也不可以輕忽。

我從 3 歲 9 個月就開始接受專業訓練，每天放學第一件事不是回家將書包往沙發丟，而是坐進媽媽等在校門外的車子，直接去練球。往球場的車程上，我要看書、複習學校的作業。老師每次看到我的作業，都會問我：「為什麼妳的字都是歪歪的？」其實是因為，我是在車上寫的。年紀小一點時是閱讀簡單的讀物；長大一點，媽媽開始準備寫字本；再更大一點，就是各式各樣的參考書。車子到了目的地就去練球，練完球上車又繼續念書。日復一日，不曾改變，每一天我不是在念書，就是在練球的路上。媽媽從不認為我只是一個小孩子，需要假日休閒，她總是說：「這是妳的選擇。」

打桌球這回事，其實是大我 10 歲的哥哥先開始的，我跟著哥

哥一起接觸桌球，打著打著，也大聲嚷嚷要當桌球選手，走上職業選手之路。媽媽說：「桌球是妳選的，妳要為這個決定負責任。但身為學生，念書是本分，該念的書還是要念。」媽媽的回答確實滿有道理，但小時候怎麼會懂？畢竟那時候我才 10 歲不到！那麼小的年紀，我承認當時是真的滿痛苦的。

那幾年，每當有人問我的心願，我都會說：「放學直接回家，一進家門就把書包丟地上，然後出去玩。」會有這個想法，是因為常聽同學說下課後便「把書包丟在玄關就跑出去玩」，讓我好羨慕，也超想試試看。只不過，想也知道不可能。因為我平日要練球 4 小時，剩下不多的時間，幾乎全要用來應付學校的功課，連晚餐都在車上吃。週末的話，8 小時的練球時間是最基本，暑假和寒假更要練到 12 小時。

小小年紀的我，實在不懂媽媽為什麼要這樣逼我，總說這是「妳自己做的選擇」。還有一次令我印象深刻的小事，原因也是「我

的選擇」。小時候，我一直在上游泳課，有天我玩吊單槓磨破手，但媽媽只是淡淡說：「貼布貼一貼，游泳課繼續去上，因為玩單槓是妳自己選的。」

她的鐵則一直都是這樣。

還有一次，說出來大家可能會傻眼。我連 15 歲取得雅典奧運資格時，出發前一天都還在補習。因為上了國中，功課開始變得困難，家裡便幫我找了家教老師。直到現在，每次我說起這段往事，大家聽了都會笑，「妳都要去打奧運了，是奧運耶！」是啊，但出發前一天我還在上課，現在想到也覺得好不可思議。

事情到這裡還沒結束呢！出發去雅典比賽奧運後，媽媽每天打電話來，不是問我球打得如何，也不是問比賽狀況，而是「作業有寫嗎？書看了嗎？」這類問題。你們知道嗎？她竟然要我帶暑假作業去比賽（攤手）。

她的堅持，我後來懂了，只是花了一點時間。

　　媽媽總是說，希望我的人生不要只有桌球，「不要被拿走一樣東西後，妳就沒有其他價值了。」她用那麼嚴格的方式訓練我，是希望有一天，當我卸下職業球員身分時，還有能力培養下一個專長的心智，這句話一直烙印在我心裡。

　　或許這也是我對於很多事都備感興趣的原因。我學中文、學東北話，可能就是這樣的想法；也讓我在決定退休的那天，心裡不會有空虛感。因為我已經學習到，怎麼透徹地去實踐、去學習一件事，不在途中輕言放棄。

　　所以，雖然現在已經從桌球選手的身分退役下來，我仍覺得自己有力量繼續前進，應該就是因為「啊，原來我還擁有很多美好的能力，原來我知道如何對陌生的事物『堅持學習』」。這一切的開端，就是小時候沒有因為打球而忽略了其他事。

　　未來我也希望這樣教育小孩，不去限制他們，盡量引導他們接觸新鮮事物，多走幾個不同方向保持新鮮感，對各類專長保持興趣，而不是限縮他們的眼光，好像自己一次只能做一件事而已。

　　但，不一定要像我媽媽那樣的魔鬼教育（笑）（因為我的個性應該做不到）。

　　對了，童年那個「放學回家就去玩」的心願，還真的實現過一次！當時，大家都驚訝於「小愛的心願就這樣」，但那確實是無比的奢望，即使任性吵鬧都爭取不來的奢望。

　　直到有一天，家裡突然有客人，有位阿姨來找媽媽。那天放學我發現「今天居然沒有車來接我？也就是說不用練球嘍！」欣喜若狂的我，聽到媽媽要我先休息、吃點東西再去練球，實在太開心了，終於體驗到「丟下書包就出去玩」是什麼感覺了！

「可以休息到幾點？」我用非常雀躍的心情問媽媽，她回答休息到阿姨離開後再去練球，我突然慌張了起來，拚命地跟阿姨聊天想留住她，心裡想著只要飯沒吃完，阿姨就不會走，那一晚我竟然吃了 6 碗飯。為了拖住「大福星」，再怎麼吃不下，我也要再來一碗。最後，阿姨終於回家了，我的「心願」也結束了。那是唯一的一次、唯一的一個心願……被滿足了！

　　我經歷了一次普通小學生的下午。

 # 成功未必只有一條路
媽媽常說哥哥比我有桌球的天分，但我比
較有「努力的天分」。

涙を流すたびに相手に考えを伝えること、

自分の気持ちを言葉にすることを学びました。

毎一次爆哭的過程，我學會了說出心事。

04
敢為自己的軟弱流淚，就是勇敢

以前大家幫我取了個綽號叫「愛哭鬼」，的確，我真的愛哭。

有次朋友問我，我現在都當媽了應該不愛哭了吧。我想了想，最近一次的大哭，好像是生完第二胎坐月子的時候。當時我剪了瀏海，因為產後還沒瘦下來，所以臉看起來更胖了。小傑在我面前拿了一張紙、一枝筆，然後畫了個半圓形說：「妳現在的臉就是這‧麼‧圓。」

爆哭。

在月子中心的時候很著急，瘦不下來怎麼辦？眼看著要回家了，也開始要準備工作了，「萬一衣服穿不下怎麼辦？」「大家說我胖怎麼辦？」每天腦海中都在糾結這些煩惱，偏偏老公還誠實地說我的臉超級圓，我一下崩潰了，壓力全發洩出來，毫不猶豫大哭一場。

聽到這裡，可能有人會怪小傑太狠心，但其實那是他對我愛的表現，他不會對我說謊。因為這句話，我終於把隱忍多時的煩惱通通說出來。小傑了解我的焦慮，便帶我一起研究怎麼瘦身，盡量撥時間陪我去月子中心的健身房；之後回到家，也會承擔家務讓我有時間去跑步，找回自信。

　　哭並不會丟臉，我想告訴每一個愛哭的人，哭讓我成長很多。

　　回想剛去中國東北訓練時，我還是小孩，不管是周遭的人或是剛接觸的人，其實都不太會對小孩的外型有太多的批評。但到了 18、19 歲就不一樣了。正值青春期的我還在發育，身材比較圓滾滾。有一次開訓，大家才見到我就立刻說：「妳胖太多了吧！」「臉超圓！」「怎麼會胖成這樣？」一句句對我外表的批評、嫌棄襲捲而來。印象中，聽到這些話我直接衝回休息室哭了 3 個多小時，整個下午都沒辦法訓練。

　　但後來呢？這一哭，我反而把心打開了，開始意識到，想哭就哭出來，並不丟臉。

　　日後，我能這樣直接開別人的玩笑，也禁得起別人開玩笑，全靠小時候的眼淚。

　　在里約奧運的頒獎台上，中國隊拿了金牌，日本隊是銅牌。所以我和中國隊代表、也是我的好朋友劉詩雯一起站上頒獎台。但因為台子很小，大家擠來擠去的，我們兩個人笑成一團，大家應該有看到報導，知道當時我們在說：「這台子太小了吧？」她說：「是妳臉太大了！」我回嗆：「妳才屁股大！」

　　每次哭完後我都更堅強了一點；每一次受傷後，我都更知道原來世界上還有這樣的打擊，那我要更勇敢一點。

「但妳真的有成長嗎？不是到現在還常常爆哭？」

我想了想，覺得自己是在流淚中成長的。每次委屈我都哭，但走到今天為止，要我因為被說胖而爆哭，可能要到被說到第 300 次吧（笑）。

人生過程中，我們總是被教育不要哭，哭是弱者的表現。一天到晚掉眼淚或許不好，但若是哭完之後得到的是力量而不逃避問題；落淚之後展現的是更堅強而非自怨自艾，那麼，當一個「愛哭鬼」也沒什麼錯。

無論怎樣的哭法，只要準備好了，就不會白走這一遭。

 # 中文真的很深奧

工作的時候，小傑會跟經紀人說我穿得很
「時髦」，我總覺得是在罵我，讓他們一
頭霧水。後來才知道我把「時髦」當作「龜
毛」，原來是兩種不同的ㄇㄠˊ。

口は他人の顔についてるものだから。
気にしていたら自分が疲れるだけ。

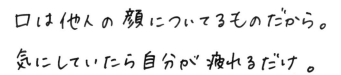

嘴巴長在別人身上，計較只會讓自己難過。

05
金魚腦也是一種能力

其實很多事情我不知道、我不明瞭，我也覺得沒關係。這份沒關係，不代表我隨便或是不認真生活，而是我總覺得，與其花時間去追究別人怎樣了，不如好好地看自己。

我常被大家笑說「金魚腦」，一開始不懂這詞是什麼意思，後來才知道原來是說我記憶力不好。當然，忘東忘西好像不是什麼可以拿出來炫耀的事，但我也有自己覺得不錯的地方，那就是「不計較」；我不喜歡計較太多，我不喜歡因為任何事情而影響了原本正在前進的道路。如果說健忘是種能力，那我給自己這個天賦正面的意義。

小時候，有一次匆匆忙忙回到在日本的家，在外奔波了一整天，心理和身體都好疲憊呀。跟媽媽說了自己遇到的委屈，希望她能站在我這邊，給我一點力量與安慰。但那天可能媽媽剛好遇到什麼開心的事情吧，似乎沒有把我的難過放在心上，連我請她隔天幫我叫車的事也忘了。隔天出門時，沒有車子能搭，當時我

也不會叫計程車，只好自己默默地走去地鐵站，委屈瞬間湧上心頭。一邊落淚一邊心想：「女兒心情這麼低落，媽媽也不多在乎我一點！」準備回家要跟她發脾氣。

事情辦完了要回家時，剛好媽媽打電話來，交代一些日常生活瑣事後，我也很正常地回答：「拜拜，等下就回去了。」就掛了電話。但總覺得「好像有哪裡不對勁？」在路上想好久才恍然大悟：「我剛剛忘記生氣了！明明要跟媽媽抱怨我不開心的。」

很多人聽完這個故事，都覺得好笑，但在我的世界中，這就是忘得快的好處。有時候人與人之間，並不需要那麼多的「對峙」；有時候，讓幾小時先走過去，心情也變得不一樣了。

我不喜歡在乎太多。

有些人在乎被批評，花很多力氣在介意。會受傷是難免的，

但再怎麼樣也無法控制別人要說什麼，我的座右銘是「嘴巴長在別人身上」，管理別人是世界上最難的事，還不如多看看自己、多疼惜自己。有時候，一時的情緒讓自己難過，甚至因此改變了人與人之間的關係，那是我最不喜歡的。

「妳都不會介意嗎？」有朋友這樣問我。倒也不是。對我來說，介意是一回事，去計較又是另外一回事；介意是放在心裡的情緒，偶爾我也會表達，但不至於糾結；計較是付諸行動，有些人想占便宜、有些人想利用我、有些人帶有惡意，那我走開就是，不想多費心思去回擊。

我讓自己處於最舒適的狀態，不計較並不代表要委屈自己，而是讓自己輕鬆一點罷了。捫心自問，我沒有一絲絲的不甘願，如果真要說起來，計較那麼多，對我來說是危險的行為。

的確，我們生活在這個世界上，不可能不在意外界的干擾。

但過多的計較，就會出現許多意想不到的情緒、心思與不愉快。因為不想讓這些「東西」影響我與重要的人的關係，所以我喜歡自己的「金魚腦」。這不是歪理，而是如果心愛的人、事、物會被影響，那我寧可吃虧一點，也不想經歷計較而蔓延出人與人之間的尷尬。

很多人看到這裡，可能會誤解我是在誇獎自己心胸寬大，但不是如此。我只是覺得，每件事情都有正反兩面，健忘有可能是很多人眼中的缺點，但有時候也是讓自己快樂的條件。

所以成長至今，計較能少就少。「反正是家人、是重要的人，我多付出一點又何妨？」最怕那種斤斤計較的態度在彼此之間蔓延開來，說不定就埋下了傷害彼此的關係，那是我最不喜歡的情緒之一。也有可能原本是跟某一個人計較，沒想到產生「蝴蝶效應」，反而發生其他事情，導致在乎的人受傷也說不定。

　　誰知道呢？誰有把握計較到最後，一定是主動攻擊的一方獲得勝利？誰能保證，這不是一條雙輸的道路？不如，轉身過去不再留給對方過多的在乎，這是一種保護色，至少那能保障自己、快一點點回到平和的情緒中。

　　當我秉持著這樣的原則來對待人們時，我發現大部分的人也會用同樣的邏輯回報，讓我的心情變得更溫暖；當我秉持著不想計較太多的原則時，我發現懷有惡意的人，再怎樣也只能傷我一點點，因為對方感受不到我的在乎。

　　「計較」這個東西不能沒有，但也不能太多，因為它會讓你失去很多東西，例如：單純。「計較」只能剛剛好，我們需要偶爾「金魚腦」。

大丈夫。

あなたは絶対に一人じゃない。

沒關係，你絕對不是一個人。

06

改變，不用非得是大事

2017 年，剛離開日本、來到台灣，其實我的心情很沮喪。不是因為一個人來到異鄉生活，而是發現自己懷孕了，那是我第一胎，心情很慌。

懷あいらちゃん[1]時，身體不舒服的程度太強烈，我幾乎是吐到生產當天還在吐。整個孕程，為了吃不吃飯這件事情，跟老公不開心過無數次。小傑覺得為我好也為了寶寶健康，多少要吃一點；我並非不理解他的好意，但就是什・麼・也・吃・不・下！

從一開始找我喜歡吃的，後來改找比較不會讓我吐的。一直到最後幾個月，我們已經放棄理想中的飲食，買食物時都會選擇「比較好吐出來的」（苦笑）。

---

1 福原愛的大女兒名為あいら。

現在回想起來，當時我可能得了憂鬱症也說不定。

剛來台灣準備長期定居，身邊除了老公，沒有半個認識的人。為了離小傑訓練的地方近一點，我們就近找地方租房子先住了。還記得那時候，我的手機還未辦好，先用日本手機開漫遊，結果第一個月就收到 11 萬日幣的帳單！因為沒人可以和我說話，日子實在是太無聊，只能每天看線上漫畫。那陣子我最常說一句話：「如果我沒在看漫畫，也不是在睡覺，就是去吐了。」

懷第二胎時，比較理解懷孕是怎麼一回事，也懂了「懷孕」是女人成為媽媽的美麗過程。但第一胎時還不懂這些，只覺得自己胖好多，不想工作、不想被任何人看到，完全失去自信。沒朋友、整天待在家裡悶著，即使想出去走走也不知道該去哪裡。也許旁人聽了會覺得誇張，但我那時的心情就是「活一天，是一天吧」！

由於挺著一個大肚子走不遠，也擔心自己的中文不夠好，所

以敢一個人去的地方真沒幾個。住家附近的飲料店跟便利商店，大概就是我唯二的去處。早過慣球員生活的我，原以為自己會很快適應陌生環境，畢竟去過太多地方比賽，照理說到哪裡吃喝住都沒有問題。婚前便跟小傑討論過，未來可能不會住在日本，我完全接受可能要長期在異地生活的事實與挑戰。

但我真的沒有料到，懷孕時的情緒變化讓我面對前所未有的低潮。這樣的憂鬱感，是某天在便利商店放聲大哭時才發現的，原來自己的情緒已經到了這種程度。

那一天，感覺心情沒來由地低落，想出去走走，又只能去固定的飲料店晃晃，再走進便利商店。在店裡閒晃時，看到商品架上的日本進口零食和飲料。一時間，突然情緒湧上，想到熟悉的事物忍不住就哭了出來，突然覺得好想家、覺得好孤單。眼淚衝出眼眶便擋不住，再加上我本來愛哭的個性（應該沒人會否認），於是站在原地崩潰大哭了。

當我哭得無法自拔的時候，突然間，一隻陌生的手伸了過來，遞給我一包面紙。我抬起頭，是一張不認識的女生臉孔，因為我哭得滿臉都是眼淚，也忘了確認她是不是店員。那女生說：「還好嗎？這個給妳。」我接過面紙，原本快要止住的眼淚，又再次潰堤。

　　不過是一包面紙，卻好像打開我內心深處的開關。原本，我是在為自己的孤單、無助、隻身遠在異鄉而哭泣；但接過面紙後，卻是因為突然驚覺「原來有人關心我！」而哭。就算是素昧平生的陌生人，就算她根本不知道我是誰，她也關心了一個懷孕的陌生人怎麼會哭成這樣。

　　那時候感受到的溫暖，一直到現在都很難忘記，也讓我徹底明白有時候低潮不是環境給的，而是自己的感受被放大而建造出來。是我一直沒有走出自己內心的小圈圈，還以為因為懷孕不適築起的高牆是理所當然。

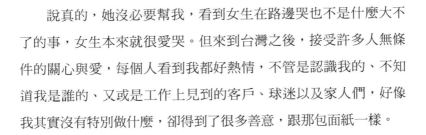

　　說真的，她沒必要幫我，看到女生在路邊哭也不是什麼大不了的事，女生本來就很愛哭。但來到台灣之後，接受許多人無條件的關心與愛，每個人看到我都好熱情，不管是認識我的、不知道我是誰的、又或是工作上見到的客戶、球迷以及家人們，好像我其實沒有特別做什麼，卻得到了很多善意，跟那包面紙一樣。

　　那時候我開始相信這世界上真有人會願意無償幫助別人，所以也開始期許自己能夠成為別人的救星。收到一包面紙的我就想著，未來有一天，我一定要告訴每個正在難過的你：「請相信，你絕對不是只有一個人。」

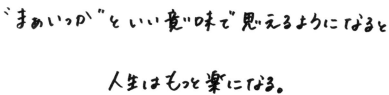

〝まあいっか〟と いい意味で 思えるようになると

人生はもっと楽になる。

學會「算了吧」，人生會更快樂。

07
算了吧，笑跟哭都是一天

我最喜歡的故事是〈北風與太陽〉。

人生到現在也過30歲了，當中一定發生過許多挫折或不順利。親近的朋友都知道，我很常把「算了」掛嘴邊。這個「算了」不代表不積極、也不是不競爭，更不是隨便，而是在該順其自然的時候，不要選擇強求，不強迫他人，也不強迫自己。

運動選手最常面對的情況，就是已經拚了命地努力也未必會得到好結果；如果學不會笑一笑說聲「算了」，那職業選手這條路恐怕無法走得長遠。好比做人再成功，還是有人會討厭你，若放不開心胸去面對不如意的事，很難繼續拚下去。

我還記得小時候都會坐新幹線，往返各個城市間，新幹線有分普通車廂與頭等車廂。原本，我是坐普通車廂，但可能因為從小打球的關係，有時遇到學校的畢業旅行或校外教學，會有一群一群的學生來找我合照簽名，整個車廂變得很擁擠。有一次甚至

還讓車長因此廣播：「桌球選手小愛正在某某車廂，請大家讓她休息，不要擠在該車廂。」但是情況依然沒有好轉。經過這次，我才明白原來這些事會帶給其他人困擾，影響到旁邊的旅客。心裡總是想著不該給人添麻煩的我，後來若得搭乘新幹線，會請家人改買頭等車廂票。

結果呢？想當然，又有批評的聲音冒出來：

「小愛變大牌了！」

「小愛現在紅了，跟我們不一樣嘍……」

我能怎麼樣呢？好像也不能怎樣。

我打球最大的弱點是跑得慢。若是日本教練想提醒我這點，可能會說：「小愛，妳的反手拍不錯，但是如果步伐可以再快一點就更好了。」可是在中國訓練時完全不一樣，中國人和日本人

說話習慣大不相同，教練和學姐們會說：「小愛，依妳這步伐，打完正手拍再換反手拍，坐飛機也趕不上吧！」（大笑）

雖然直接卻也很好笑。在中國，大家講話都非常直來直往，這樣說話並不是什麼新鮮事。有些人會問我：「妳會不會因為文化不同，就不想去那裡受訓啊？」「不會覺得壓力很大？」「跟日本環境完全不同耶，不適應的話不會想逃嗎？」

我好像從來沒有這麼想過。

我從沒擔心去中國受訓會遇到不習慣的事。對我來說，從「不習慣到習慣的過程」是最能成長的一段時間。小時候還沒有手機，家人又不一定會陪我去受訓，感到孤單時，便一個人到處走走看看；要是遇到委屈，回到日本往往也就忘了，反而知道怎麼自得其樂。

「這就是我的命。」我總是這樣告訴自己，不是用無奈的語氣，而是坦然接受。人生嘛，就是要讓人猜不到才叫人生。

所以當大家說我是因為紅了才去坐頭等艙，我笑笑想著「算了」就過了；中國人對我講話很直接，我把心情轉換為「拚命去練跑吧」，就過了。原本我「超級」討厭跑步，跑到後來也不怕了，到現在都還感謝他們的鞭策。甚至生完寶寶後，會把跑步當健身，很神奇吧。

很小就聽過寓言故事〈北風與太陽〉，有許多人用不同的方法詮釋這個故事，但對我來說，從中獲得最大的啟發是「不要勉強」，凡事必有注定，強求的也留不久，是你的就是你的。在工作中我是這樣，在生活中我也是這樣。北風沒辦法讓路人脫掉外套，就算一時脫掉了，之後也會再穿上。

　　作為一個運動選手，我最認同的做事方法就是把一切準備到最好，但也要有「成敗不全由我掌控」的心理建設。人生就是要有一些意外才有趣，就像我從沒想過自己竟然會嫁給外國人，以前還常在想結婚後會冠什麼夫姓[2]，想找些念起來就很好聽的姓氏，甚至偷偷祈禱，未來老公的姓加上「愛」字不要變得很奇怪。

結果，天知道，我居然沒有和日本人結婚，不用冠夫姓³，是不是很奇妙呢？

　　這是生命給我的禮物，追究太多，反而會失去珍惜更重要的人、事、物，也會錯過重要的機緣。就像當初如果我沒有去中國受訓的話，沒有入境隨俗地學了中文，也許也不會認識小傑了。

　　很多時候，一句「算了」會讓人開闊許多；更多時候，順著命運走，會找到真正屬於自己的禮物。

2 日本習俗中結婚之後姓氏會改為夫姓，舉例來說，福原愛就不會姓「福原」，而會冠上夫家的姓氏變成 XX 愛。
3 如果是國際婚姻，日本規定可以由當事人決定要不要冠夫姓。

そうなる星のもとに 生まれた。

這就是我的命。

よく笑う女の子は太陽に似ている。

その笑顔の裏には大きな強さがある。

會笑的女生像太陽，背後寫著勇敢兩個字。

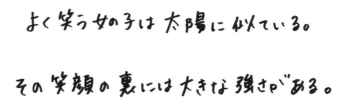

08
哭完要記得笑一笑

———————

　　有一次被問到女生要具備什麼特質。重視保養？這好像是個人選擇，有些人天生麗質根本不用做這件事；撒嬌？好像也不一定；煮菜？對女生太嚴厲了吧，不一定每個人都要會啊。想了很久，我覺得是會「笑」。

　　小時候，不太會去思考生活中的心情好壞是什麼原因造成，情緒的表現很直接。但結婚之後有了自己的家，突然發現會笑很重要。一個懂得笑的人，會讓身邊的氣氛完全不同。我覺得令我敬佩的人多半都有這個共通點，不管多辛苦她們都能「保持微笑」，輕鬆面對每件事。

　　我的婆婆珍姐就是這樣的人。一開始我覺得她是超人，怎麼什麼事都能做得又快又好，好像沒有能難倒她的任務。後來我發現，她是個很容易大笑的人。她的笑聲總是為家裡帶來陽光，是家裡的太陽。有時候我跟老公難免拌嘴或意見不合，我會直接跟珍姐告狀：「你兒子欺負我，他怎麼可以這樣！」珍姐聽完之後

常常哈哈大笑，覺得我們為了這麼小的事情爭執很有意思。一看到她的反應，頓時也覺得「咦？好像真的沒什麼」。

所以我曾送珍姐一枚太陽形狀的戒指。

以前總認為女人結婚後的任務就是顧家、煮飯、把小孩教好等等。後來才知道關鍵是把自己的心情調整好，才能在絕佳的狀態下去愛家人、料理日常、教育孩子。「笑一笑就過」的能力也需要學習，擁有這種天賦的女生，最讓我覺得有魅力，因為在她們的笑容背後有著「勇氣」兩個字，不僅代表在面對困境時的堅強，同時也讓身邊的人獲得力量。

珍姐的勇敢，最經典的一次發生在里約奧運。

我在球季比賽時，精神狀態總是完全緊繃，沒有任何人敢對我發脾氣。別說發脾氣，根本沒人敢靠近我，能和我少講一句話

就少講一句話，家人、好友、經紀公司的人都一樣，比賽中的我幾乎處於「一觸即發」的狀態，隨時可能大發雷霆。奧運期間誰都不敢打電話給我，誰都不敢亂講話，只有一個人例外！就是珍姐。她不僅每天照三餐問候（笑），還常傳訊息給我說要相信自己、說媽媽都幫妳加油，也會跟我分享自己以前練田徑的心情。這個唯一「敢跟我連絡」的舉動讓我發現，不用那麼緊繃也沒關係。

我媽媽也是，每次告訴她，我搞砸了什麼事，她最常有的反應是覺得好笑，哈哈兩聲就過去了。跟她說我沒搭上飛機正在懊惱，她覺得我好離譜，笑笑便結束這個話題；跟她說減肥沒成功，她覺得這是小事吧，「改天再減啊！」一笑置之便過了。反而讓我原本的沮喪釋懷了。

「笑一笑，算了」不代表隨便，而是用更寬闊的心態去面對問題，能幫助自己更好地學習，一種很正向的「逃避」，人生總要學習別讓每件事都往心裡去。以前在中國打球，只要遇上「大

魔王」張怡寧，永遠有球迷笑我：

「張怡寧，妳換手讓小愛吧！」
「張怡寧，妳先讓十分都可以吧！」

我聽了也只是笑笑就算了，即便當下覺得難過、想哭，但不會因此不去中國受訓。笑一下、撐一下，就過去了，學到的東西都是自己的，對吧？

剛結婚時，也因為小傑訓練的關係住在左營，人生地不熟，確實有點寂寞，原本以為我會孤單到崩潰。但待著待著一年時間也就過了，後來有了小孩，開始有未來的規劃，開始熟悉一切，生活慢慢上了軌道。

笑一笑，也就過了這麼久，回頭看，原來我進步了不少呢。不管是作為一個球員、女兒、媽媽，還是別人的老婆、媳婦，我

心中雖然沒有理想女性的既定模樣，卻會想像媽媽或珍姐一樣，
當個會笑、有勇氣、永遠像太陽般存在的角色。

chapter 2

涙は表わす

眼淚　是　表達

人生は Yes か No ではなく、
自分の力で選択していくことが必要。

"正解を選ぶ"のは決して難しくない
けれど、"幸せに選ばれる"のはとても難しい。

人生常常不是是非題，而是選擇題；
選到「正確答案」沒什麼，「被幸福選擇」才是難得。

09
被選擇的幸福

對生活有不滿的時候，該怎麼解決呢？

我會想想有哪些讓我滿足的事，是來自於他人的恩惠。例如我擁有健康的身體，這是爸媽生給我的，覺得很感激；我擁有點打桌球的才能，這是媽媽辛苦訓練我才得來，想到這不由得自覺幸運。

又或者是，結婚之後公婆對我超好。

只要想想這種不是由我決定、卻又順了我的意來到我人生的事，超級感激的情緒瞬間湧出，自然不那麼低潮了。

當過媽媽的人都知道照顧寶寶有多崩潰，而且育兒這條路一旦開始就沒有終點，就算過了要媽媽隨侍在側的嬰幼兒期，孩子逐漸長大後也有不同的煩惱出現。每天都被孩子的事綁住，時間被切割得很零碎，日復一日處理日常生活瑣事，有時候真的會消

磨人心。

　　但我常常在寶寶睡了、夜深人靜時，想起至少自己還有公婆幫忙，珍姐總在我有需要時無條件支援，讓我可以放心外出工作，或是回日本看家人，還能跟老公有獨處的時間。萬一沒有珍姐幫忙，我到底該怎麼辦？一定會崩潰吧。

　　常常有人問我沒有和日本人結婚，而是挑戰不同文化，怎麼做到？但對我來說，來台灣生活很 OK，畢竟當職業球員時，在世界各處飛來飛去地到處比賽，被訓練得可以快速適應。

　　但婚姻生活初期，確實有個不習慣的地方，就是原本的家人都不在身邊這件事，這是到了海外給我的第一個挑戰。有了小孩之後，心裡曾暗暗想過，萬一沒有老公、公婆幫忙，原生家人都不在身邊的我，真的是完完全全的「一個人」了。

人生有些事情選擇很重要，但也有些事情不能選擇。

懷第二胎時，我常常不舒服，很多時候一整天除了躺著什麼也不能做。珍姐總是再三叮嚀事情交給她就好，要我休息、吃好、睡好。有一次採訪工作剛好安排在家附近，我趁著中間空檔回家吃飯，小傑特地出門幫我買東西，但偏偏我超想吐、完全沒食慾，只好跟小傑說：「你自己吃好了。」

經紀人在一旁說：「剩下 10 分鐘了，確定不吃嗎？馬上就要出發了。」我還是躺在沙發上動也不動，連小傑也拿我沒辦法。最後離出門只剩下 5 分鐘時，我爬起來有點耍脾氣地說：「想吃炒青菜、想吃炒青菜，想吃媽媽煮的炒青菜！」珍姐在旁聽了，一句話也不說地開冰箱、拿青菜、熱鍋，不到 3 分鐘就變出一道我吃得下去的炒青菜。

還有一次也是令我印象深刻，因為工作的緣故，常需要往返台灣日本兩地。不在台灣的時候，珍姐和江爸會輪流幫我們帶小孩，公婆兩人一句話也不抱怨。那次，為了回日本辦證件，我們順便帶小孩去看外婆，偏偏遇上女兒發燒，又吐又拉肚子，嚇壞了我跟小傑。為了照顧小孩子，我們夫妻都累壞了。珍姐聽了二話不說，鼓起勇氣一個人坐飛機到日本，只為了幫我們一把。也許很多人覺得一個人坐飛機也沒什麼啊，但這可是她人生「第一次獨自坐飛機」耶。

　　平常只要家裡一出現雜物，珍姐會咻～咻～咻～立刻收拾完畢，我常跟別人介紹「珍姐是鐵人」，打掃、煮菜、陪寶寶玩，什麼都會；我跟小孩說日文，她也樂意學幾個單字，大家玩在一起。

　　有時候心想，老公選得好不好，是靠自己，交往時有沒有看清楚？是不是因為衝動才結婚？兩人價值觀是不是能契合？又或者能否讓對方變得更好？這些事情結婚前都可以測試，雖然不一

定百分之百準（？），但至少是透過自己的眼睛跟感覺去選出來的，自己負責。選得好，好像是應該的，畢竟老天爺有給你審核的機會（笑）。

但另一半的家人，不是我能選的。如果公婆要過自己的生活，不願意幫忙照顧小孩，那是他們的自由；如果公婆想刁難、如果不願意讓我回日本工作、如果覺得我來自日本太麻煩了、如果、如果……有千百萬個「如果」時，那我該怎麼辦呢？只能承擔了，不是嗎？

公婆不是我能選擇的，可是幸運與福氣選擇了我。從小我就個性倔強，看過我比賽的人都知道，叫我往東我偏要向西。以前的我總想著凡事靠自己，堅信自己能決定很多事，可以控制很多事照自己的意思發生。但，眼前的幸福卻取決於我不能選的答案。

人生不是是非題，常常是選擇題。

珍姐、江爸，謝謝你們選擇給我美好的一切，這樣的美好，是多少萬分之一的極低機率？ 當你能覺得自己是被幸福選擇時，如果這不是幸運，什麼才是幸運？

 # 跟婆婆相處就像朋友一樣
有一天，我跟珍姐抱怨綁頭髮的橡皮筋常
常不見，珍姐得意地回答：「妳都沒收好，
妳看我的橡皮筋從來都不會不見。」我想
了一下回答：「媽媽，那是因為妳都不洗
頭吧！」（笑）

伝えなかったら

誰もあなたの気持ちなんてわからない。

不表達，別人根本不會懂你的心情。

10

犯錯是自由的開始

　　因為從小受專業訓練的緣故，我的個性很好強、不喜歡輸，也討厭犯錯的感覺。再加上我又有日本人天生拘泥的個性，說話比較婉轉，所以很多時候，我是個放不開的人。

　　說真的，內心很感謝中國對我的栽培，要不是從小在東北受訓練、要不是有媛姐（教練湯媛媛）的耐心陪伴，我很難成為今天的福原愛。這段經歷很多人都已經知道，其實在我的心上有一道門，能打開這道防線的關鍵也是在這時期。

　　一直以來的我說話婉轉，很多場合都有禮數與規矩，習慣把很多事情放心裡。但東北人的性情率真，有話直說。覺得你醜就說你醜，實力不夠好直接當頭棒喝，完全沒在客氣，這在日本是幾乎不可能發生的事。一開始不太能理解，然而我慢慢發現，他們並不是單向地對人直接，同時他們也很習慣聽真話，這是他們的生活方式。時間久了，反而讓我學會率直表達想法。

講錯了？沒關係。大家開朗的個性，讓我不再拘泥與糾結。

以前有人告訴過我，我的名字很討中國人喜歡；因為有「福」、又有「愛」，而且「原」跟圓滿的圓同音，聽起來很吉利。再加上我的臉圓圓的、皮膚白白的，是東方人喜歡的臉孔，所以中國球迷對我超級好。

就說一個故事好了。我從小就很會忍耐，也不太會把話說出口、表達情緒。有一次在中國比賽，決定誰先發球時，和裁判跟對手的溝通，我全部都用表情、點頭、手勢來回應。裁判問我：「妳選哪邊接發？」我也只是用動作簡單地比一下，心裡想著，這樣應該就夠了，大家可以明白的。

其實我是擔心自己說的中文不夠好，萬一說錯話，怎麼辦？所以才選擇一直沉默。沒想到比賽打完後，一轉頭就聽到裁判在

感嘆：「這個小朋友名字真有福氣，長得也挺可愛，球技也不錯呢！」但下一句卻是：「但好像不會說中文呢，是吧……」

聽到這話的我，當然很訝異，但是也頓悟了「不表達、不說出來，別人根本不會懂」。就在那一刻，我的「開關」被打開。為什麼我不敢開口呢？我明明就會說中文啊！內心默默地想著。

一直沉默不語，是會被誤解的，我第一次有了這樣的啟發。所以我開始試著有話就說，告訴自己不要那麼怕犯錯，也因此，有了第二個小故事。

在認識小傑之前，我從沒聽過中國其他地方的方言。身邊的中國人、教練媛姐，多半都是說東北話，我也一直以為東北話是中文的官方語言。20 歲時，有次出席一場聚會，是個盛大的場合，得跟很多人打招呼。當時在我前面坐著一群高級官員，大家吃著吃著，彼此也聊得很開心，我看看時間差不多該離開了，想了一

下，很正經地說了句：「我先撤了！」

　　全‧場‧爆‧笑。

　　我以為我說的是一句很端正有禮的話，但沒想到卻讓對面的
官員們笑到不行。一開始我真不知道發生什麼事，心裡納悶只是
說聲要走了，有這麼好笑嗎？當我滿頭霧水時，旁人趕緊解釋，
這才驚覺「原來這是東北人才會講的方言，而且不適合正式場合
使用」。原本還以為「我先撤了」是敬語，適用於與地位高的人
對話，沒想到恰恰相反。

　　搞清狀況後自然是尷尬到不行。如果換作以前的我，一定會
覺得世界末日。但當下，那麼多長輩，卻是在一陣爆笑的輕鬆氣
氛下，教我這句話不適合在這裡說，完全沒有責怪我的意思。這
些長輩們的真性情反應，讓我變得更不拘泥、更不害怕開口說中
文，也讓我在日後摸索其他語言或新事物時，少背負了害怕犯錯

的壓力。

到了現在，很多人聽我講中文就會問：「中文怎麼那麼好？」當然我沒有覺得自己中文超棒，未來要學習的路還很長。但至少我不怕講出來，這是我在中國的受訓生活，獲得的最棒禮物。東北人的直接個性，綜合了我原本什麼都怕的意識，「捏」出了現在中間值的我。

我內心非常感激。從小每年去一個月左右的訓練，除了學桌球，還學了新的表達方式，帶領我找到另一個自己。豪邁的真性情讓我勇於跨出自己想要的一步，讓我學會了不同的講話方式與思維，漸漸地讓我打開心房。

我學會了讓心更自由。犯錯又如何，心若是自由，我也才能是現在的我。

舉一反三是我的興趣

學中文時學到「笑點」這個詞，原來很容
易被逗樂的人叫做「笑點很低」。我心想，
那很容易生氣的人可以說是「氣點很低」
嗎？聽完我這樣問，大家都笑了。（所以
這算是大家笑點很低嗎？）（糾結）

遠くの山は見えても

自分のまつげを見ることは難しい。

我們看得到遠方的山，卻看不到自己的眼睫毛。

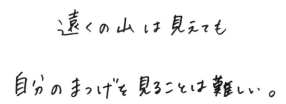

11
愛人不是受盡委屈

────────

　　還沒結婚以前，我便要求家裡要有張化妝桌，因為那是屬於我自己的小小空間。現在的我，也沒有改變，生活中一定要有個屬於自己的 一方天地。不一定要是具體的空間，不一定是看得到、摸得到的物件，可能是工作、也可能是興趣。

　　剛決定要結婚時，我就在思考，如果有了小孩，是不是要當個家庭主婦，全心照顧孩子比較好？等到真的懷了第一胎後，我又更深入地思考這件事。大概是看了太多日本媽媽的生活，自然而然，覺得當媽媽就該全心投入，猶豫著還要打桌球嗎？是不是自己應該什麼也不做，專心待在孩子身邊？

　　當然，後來我並沒有這樣做，我很感恩直到現在還有地方需要我工作，感恩除了桌球外，還有其他場域需要我貢獻，讓我能持續過著打拚的生活。

　　回想自己之所以會決心想要事業和家庭「兩立」，是因為覺

得，家庭生活很難滿足一個人各方面的需要，再完整的生活都要有一塊專屬自己的天地，這點很重要。每個人總會有些想做的事，我不想因為當了媽媽，就以一個犧牲者的角色自居。一個總讓小孩感到「媽媽是犧牲者」的母親，站在小孩的立場來看，未免也太不公平，畢竟那是媽媽個人的選擇啊，怎麼可以把不滿的情緒，投射到孩子身上。所以我一直提醒自己，不要輕易說出「我做這些都是因為你，都是你，我才過得不好」之類的話。

一面對你好，卻又不斷強調自己因此失去了多少、承受了多少委屈，一定會讓聽者在心裡暗自反駁：「這又不是我要求的！」就算是和自己的孩子，一樣會消磨情感和愛。如果我的心思有一部分在外面，卻滿腹委屈地在家裡陪小孩，孩子也不會樂意自己的母親是這樣。所以我想通了。

我必須承認，這個過程其實是痛苦的。曾經在拍廣告時，因為劇情需要和演員小孩互動、擁抱，那個瞬間我對自己的選擇懷

疑了起來——「我有必要離開自己的小孩，在工作中擁抱別人的小孩嗎？」

　　但這樣的自我懷疑，會在沉澱思考後瓦解，我雖然是個母親，也是個完整的人。人生不應該只有「媽媽」這個角色，即使有了孩子，還是有其他的社會角色要去完成。小孩不是我的物品，我不應該強迫自己跟他們綁在一起。同樣地，我也不應該拿這種想要滿足社會角色的傳統框架，強迫小孩接受我的犧牲，在我的委屈中成長。我不希望他們發現「媽媽是因為自己才受盡委屈」，更不想對他們宣揚我的犧牲。

　　心嚮往什麼，就朝那個地方去，相信自己找到在小天地中獲得的自由之後，心態也會更開闊，才能更健康地愛人，尤其是孩子。

　　我這麼說，可能會有人以為是建議大家都要當職業婦女，

並非如此。我相信的是──女生一定要有一個屬於自己的「小天地」。對我而言是工作，對其他人來說，可能是看書、運動、上課進修、打電動或跟朋友喝下午茶，關鍵在於看見自己的需求，形式反而不是重點。

我們常常看得到遠方的山，但看不到自己的眼睫毛；我們常常掛心孩子需要自己、家裡不能少了自己，殊不知，忘了看看自己的需要。

說起來不怕大家笑，我用了許多時間才體悟出這些道理。一開始常擔心あいらちゃん會忘記我，才出門工作，坐上車就爆哭；經常胡思亂想，深怕她認為媽媽不愛她。直到現在才慢慢開始懂了，媽媽就是媽媽，不論如何，我們的連結不會斷，不會因為我做了自己喜歡的工作而改變關係，卻有可能因為我犧牲自己、心情不好，而阻礙了親子間的溝通。

現在已經有兩個孩子的我，深深體會到不能把孩子當作是自己的「附屬品」，孩子也有他們自己的意志，不能強行把大人想要的犧牲加諸在他們身上，這樣不公平，生活也不夠平衡。

正在看這本書的你，你的「小天地」是什麼呢？別忘記多愛自己一點、多看自己一眼，你會發現，愛了自己，孩子會更愛你。

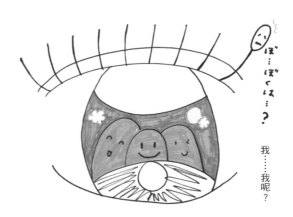

誰に見られたとしても

一点の曇りのない心でありたい。

我想光明磊落地被看見。

12
是什麼聲音讓你做不了自己

———————

活在這個世界上，一定有人喜歡你，也一定有人討厭你，這點我很清楚。當運動員也是一樣，敵人不僅僅是賽場上的對手，有時候還得面對在比賽現場不支持你、在網路上不挺你，以及用各種方式攻擊你的人。

以前的我，總被貼上「不像運動選手」的標籤，因為我很愛打扮。

我的打扮，不是大家刻板印象中的花枝招展。比賽時我不會化妝，但是會配戴飾品（當然是在不影響揮拍擊球的前提下）；我還喜歡把頭髮綁得緊緊的，一根頭髮都不允許跑出來（所以我會用很多髮夾），這樣才能讓我的思緒完全地專注在那顆球上。除了有設計感的髮夾、合適的耳環和項鍊，更不會忘記要讓指甲也漂漂亮亮。

贏球的時候還好，輸球時就另當別論了。很多人會批評──

「居然還去美甲？有專心練球嗎？」

「那麼重視打扮，有認真比賽嗎？」

類似這樣的聲音接踵而來，大家聽了或許也不意外吧。現在大部分的球員就算染髮也不是大事，但以前我 18 歲打耳洞就成了大新聞。

在我這一期出道的球員中，我算是「比較不像球員」的。除了用心打扮，還會請贊助商設計粉紅色的球拍套、包包、鞋子，跟當時身兼經紀人的哥哥說，希望廠商設計褲裙，因為看起來比較可愛。我在乎這些事，並不牴觸我愛桌球的心。

有一陣子因為太常被罵了，心裡也想說是不是該放棄這些堅持。但是，不做這些真正喜歡的事情後，我反而沒自信了。我很少跟人解釋自己愛打扮的原因，其實是我天生比較沒有信心，那些讓我變好看的飾品配件，可以讓我感到有力量，在球桌上更有衝勁。

　　很多球迷會送我小小髮夾，戴在頭上，能傳達出「我收到這些支持與加油了」的訊息。其實，運動選手在比賽時內心是很孤獨的，有了這些小配件，能讓我安心許多。

　　我喜歡純色珍珠、裸色鑽石，它們給人純淨無瑕的感覺，戴在身上，代表比賽時心無雜念。特別是鑽石的材質堅硬，剛硬而不軟弱，我期許自己可以跟鑽石一樣勇敢。

　　與其討好別人而失去拚鬥的信念，輸掉比賽對誰都沒有好處，不如按照自己內心的聲音走。「愛打扮」既不損人又能利己，如果能讓我找回信心打出好成績，這樣不是才對得起幫我加油，一路在背後支持我的人嗎？

　　我的教練「媛姐」說過一句話，直到現在讓我都受用。媛姐的個性跟我恰恰相反，要她搽指甲油，她會舉起雙手大叫：「我不能呼吸了，快幫我弄掉！」

但這樣的她，卻能告訴我：「小愛，妳不用多做解釋，用實力講話。」她從不用自己的想法來限制我，反而告訴我要憑真本事決勝負。

　　不管到了幾歲，人都在與世界的標準抗衡。我體悟到的是，我們常希望自己不要違背他人的期待，卻忘了生命中最重要的是無愧於己心。如果有一天我的心能被透視的話，我希望能光明磊落地被看見。

　　所以，我，不想違背自己的堅持與執著。只要這份精神無損於他人，又有什麼不可以？

#鄰居的草地比較綠

日文有句話叫「鄰居的草地比較綠」。珍姐常常買衣服給我,就連在夜市也能挑到我喜歡的款式和花色,我真的很開心,常常拿出來穿。有一次看到經紀人也穿一件碎花洋裝,我興奮地問:「妳今天也是夜市風嗎?」她好氣又好笑地回答:「我在日本百貨公司買的,好嗎!」很好玩,我們熱愛在對方的家鄉買東西呢!

明らかに水は右へ流れているのに

私は一人で逆らい、左へ行く。

水明明是往右邊去，但只有我一個人往左走。

13
雖然只有我在堅持

總覺得人不能忘本，所以我對日文很執著。

結婚之後，最常被採訪的問題幾乎都跟跨國婚姻有關。但是說真的，對從小就學中文的我來說，並沒有太多不適應的地方，反而很樂於學習不同文化。要說比較累的事，那就是處理結婚手續、申報資料的繁瑣小事吧。還記得那時為了登記結婚、新生兒申報、辦小孩護照等等，我騎著我的小腳踏車在日本街頭衝來衝去，完成之後覺得自己成長不少（笑）。

但原本單純的兩人生活在有了小孩之後，情況也不一樣了，「語言」這件事成了我最大的課題。只要我外出工作幾天或是幾天不在孩子身邊，回到家就會發現小孩的中文大進步，我心裡忍不住想著：「日文呢？我也想多教她一些日文啊！」

早在小孩還沒出生前，我就決心一定要教他們日文。問我為什麼，其實也沒有特別的理由，就是一種對家鄉的執著。這是我

的母語，希望孩子也能學會。

　　所以現在在家裡，我是日文擔當，小傑則是中文擔當。若碰巧我們兩人都沒空，需要小傑家人幫忙照顧時，家人當然跟小孩說中文。由於身處在台灣，雖然我可以跟小孩說日文，但是我和公公、婆婆、老公說話就會切換成中文模式，孩子平日聽到中文的時間確實比較多。

　　「傳承」真的不容易，跟あいらちゃん相處時，都是順其自然，不會特別要求她講哪一種語言，但我還是肩負壓力，深怕自己沒教好。例如あいらちゃん現在還不到兩歲，開始可以讓她看繪本，但是要看哪一個語言版本呢？兒子才剛出生，我已經開始煩惱未來上學的事，和小傑討論要找日本學校嗎？

　　當所有人都在說中文時，我感覺自己好像是逆水而行的人，明明水往右邊流動，只有我一個人要往左邊行走。

　　人不能忘本，不能忘記自己的源頭，我一直記得家人為我鋪
下桌球路的恩情。我也一直提醒自己，是日本人給我的舞台與鼓
勵，受訓時中國人對我的包容，更感謝跟小傑結婚之後，大家對
我愛屋及烏。但我是日本人，當然希望我的孩子不要忘了孕育媽
媽長大的日本，所以我對雙語教學很執著。

　　後來慢慢發現，孩子吸收的能力真的很快，我的擔心其實有
點多餘。儘管家裡只有我一個「日文擔當」，但女兒很快就學會
各種單字，任何東西幾乎只要講一次她就能記住，還會舉一反三。
例如：あいらちゃん很喜歡卡通麵包超人，我也教過她認識裡面
的每個角色，有一次小傑把吐司超人講成「トーストさん」，她
馬上糾正是「しょくぱんまん[4]」，還會回頭教爸爸呢。（笑）

---

4 日文中，沒烤過的吐司叫做しょくぱん，烤過的叫做トースト，但中文都是「吐
　司」。所以小傑直覺以為吐司超人叫做トーストさん。

現在あいらちゃん雖然比較常說中文，但跟她說日文其實也都聽得懂，還自己兩種語言互譯。我一邊覺得神奇，也一邊覺得欣慰。我漸漸放下要小孩學好日文的壓力，反而從中收穫良多。例如：女兒希望我說故事時，我就會趕快去了解一下中文的童話故事怎麼說（笑）；如果兩、三天沒見到她，回家後就開始猜她學會了什麼新單字、這些話是從哪裡學來的。

不知道看到這本書的讀者，有沒有人也跟我一樣在煩惱孩子的語言教育？寫下這些，一面也是希望為此感到壓力的媽媽們，在看了我的經驗後，能稍稍放下擔心的心。母親的努力，孩子都會收到。

 # 小孩是天生的模仿家
有一次還沒兩歲的あいらちゃん跟著小傑去聚會，老公的學弟幫忙餵她吃飯，卻忘了吹涼，あいらちゃん燙到了大爆哭，馬上落下圓滾滾的眼淚。大家還來不及心疼之際，女兒邊哭邊吼說：「傻眼～～～～～！」眾人笑翻到不行，原來我們這麼常說「傻眼」。

兄がいなくなった私は

大海原に放たれた一粒のいくらのようでした。

沒有哥哥的我，好像汪洋中的一粒鮭魚卵。

14
遲來的感恩

────────

　　自己當了媽媽後，更確定「人生中擁有兄弟姐妹」是一件很重要的事。

　　我有一個大我 10 歲的哥哥，因為年紀差很多，小時候感受不到有這樣的哥哥是「特別好」在哪裡？那種常在漫畫裡出現，哥哥很帥或是哥哥摸著妹妹頭的情節，在我家基本上是沒有出現過；雖然哥哥曾經把我放在腳踏車籃帶我出去玩，但是，年齡差距加上哥哥的理性特質，老實說，我對他是有點距離感的。

　　哥哥從 16 歲開始就住校到 22 歲，當時我又深陷於（媽媽開的）魔鬼桌球訓練班，這段期間，我們兄妹始終沒有太多交集。哥哥在大學畢業後也先做了別的工作，一直到我 15 歲那年，他才回家幫忙，正式成為我的經紀人。

　　就像前面說的，小時候根本不懂哥哥的好。哥哥扛下經紀人工作，我也只覺得是家人拜託哥哥，他回來幫忙而已。「福原愛

經紀人」這個身分，哥哥一當就當了 10 幾年，要感謝他的事情固然很多，但意見不合的時候也實在不少。作為經紀人，管我、罵我、監督我都是他職責所在，因此我們之間多了許多摩擦。

26 歲那年，為了一些現在都想不起來的小事，哥哥正式卸下經紀工作；從那時候開始，他不再是我的經紀人了[5]。

但哥哥還是很照顧我，幫我牽線找了經紀公司，我也才開始跟家人以外的人展開「工作關係」。也許對很多人來說，這並不是什麼稀奇的事情，但我從小就是個球員，只會打球，不像一般人有「上班」的觀念。一段新的合作關係讓我完全失去方向，什麼不該做？什麼得做？我全部不知道。

---

5 小愛哥哥在 2015 年卸下經紀人身分，中間約 4 年的時間，小愛的經紀事務交由日本其他公司處理。2019 年底，小愛哥哥接管日本地區經紀事務，大中華區則由華研國際音樂唱片負責，雙方攜手合作。

更重要的是，那些事情我都不會。

還記得哥哥剛放下經紀人職務時，我每天都跟好朋友說：「汪洋中的一顆鮭魚卵該怎麼辦才好呢～～～？（いくらどうしよう～～～？）」鮭魚卵指的就是我。少了哥哥的幫忙，沒人幫我安排教練的日常接送、沒人幫我付錢給教練、沒人幫我訂場地、找陪練、藥檢、訂車、安排課程等等，所有瑣碎事情都落到我頭上。有些工作新公司是會幫忙處理，但畢竟不是家人，無法在公私上明確劃分的瑣事，就得靠自己了。

沒有哥哥的我，好像回歸到「鮭魚卵」狀態，還沒長大、什麼能力都沒有。「鮭魚卵該怎麼辦～～～？」成了我的口頭禪。2017年，辦完婚禮後我大哭了，大家以為我是因為感動而哭，但其實我是想到「天啊！這些都是我一個人自己完成的」，而累到哭的（笑）。

回想起來滿妙的，我在 26 歲後脫離了「經紀人」哥哥，但是也從這一刻開始體會只有哥哥才有的好。

　　後來才漸漸明白，原來被罵是件值得開心的事。雖然當下受不了，但真的只有家人或是夠親近的人，才願意冒著刺傷（得罪）自己的風險說出實話。以前，大多數人都為了讓小愛開心而稱讚我，或是看到小愛好的一面就拍手喝采，但只有哥哥永遠把教育我放在第一順位。

　　有一次台灣的經紀人問我：「如果妳沒有哥哥，會怎樣？」

　　我想像了一下，如果沒有媽媽幫我鋪好桌球的路、如果沒有哥哥對我的管教……「我應該會變成不良少女吧！（大笑）」從前哪懂所謂的形象？每天都盼著成年後要趕快去打耳洞、染頭髮。不管別人的眼光，個性又倔強，跟所有年輕人一樣，時時刻刻都想做瘋狂的事。

　　拉住我、管束我、教我禮儀與做人處事的人，都是哥哥。對外做錯什麼事或是表現得太任性，外人不會跟我說實話，唯有哥哥會直接糾正我；他不怕我討厭他，只怕我走錯路。現在我當媽媽了，教導小孩時突然明白，「為你好」雖然是一句很老派的話，但確實是真的。

　　到現在，哥哥教的每件事我都還記得：吃飯時，手肘不能靠在桌上（日本文化中覺得那樣是皇帝、很大牌的意思）；訪談的

救命啊

該怎麼辦呢～

應對進退要如何拿捏、要懂得體諒、要有禮貌等，哥哥教了我很多做人的道理。

但在我心中，一直覺得自己造成他很多困擾，他撕不掉「福原愛哥哥」的標籤，做什麼事情都不能放鬆，成年了也不能隨便在外面喝酒或是跟朋友嬉鬧閒晃。他深怕對我造成影響，用管教我的同等要求嚴格自我管理。想想那十幾年的時光，他應該也沒有正常年輕人的青春生活吧！

因為哥哥，我特別了解有兄弟姐妹的好處。結婚之後，和老公說好至少要生兩個小孩。雖然生孩子這件事情通常得看緣分，不是想要就會有，但如果經濟能力和身體狀況都允許的話，我總是跟朋友宣導，給小孩添個伴吧。

因為真正能在同一個成長時空永久陪你的……是手足。

 # 鮭魚卵的荒謬故事
哥哥沒當我的經紀人之後，我當了一陣子
的鮭魚卵。曾經想帶媽媽和朋友去沖繩旅
行，結果我不會操作，幫每個人都買了兩
張去程機票。連要搭乘新幹線，我以為跟
搭飛機一樣要提前兩小時到車站，在外面
等待，想說不能先進月台……

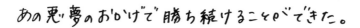

あの悪い夢のおかげで勝ち続けることができた。

因為那場惡夢，讓桌球成功烙印在我手上。

15

1000 次來回的惡夢

　　我在 4 歲 5 個月的時候，完成了「1000 次來回」對打的訓練紀錄。如果要我用一個詞來形容這個訓練，我會說：「惡夢。」（苦笑）

　　所謂「1000 次來回」，指的是我打一拍過去，對手打一拍回來，這樣一次來回連續 1000 次就算成功。中間失誤只要一次，不管數到幾，哪怕是已經數到 999，也得重來。如果當過選手、或是有接受過桌球訓練的人，看這內容不會覺得特別辛苦，這可以說是桌球很正規的訓練。那為什麼我會浮誇地說這是「惡夢」呢？因為我從 4 歲 5 個月，一路打到 13 歲，而且是「每天」。

　　回想起第一次在 4 歲 5 個月達成這個紀錄，對細節的記憶已經有點模糊了，留下的是隱隱約約的痛苦。我每天不光是要完成這件事情，而且媽媽給我的訓練菜單不止這一項；「1000 次來回」只是每日所有計畫中的第一項，所以沒有成功的話，後面的項目全部都會被拖延，而且從來不曾例外，9 年裡面每天都要做到。

小時候是我自己要求要媽媽教我打桌球的，聽說媽媽一開始有點猶豫。因為她雖然曾在家鄉的國中、高中加入桌球校隊，但並沒有達到日本頂尖選手的層級，更不要說成為地方比賽冠軍。在這樣的身分之下，媽媽決定要當我的專職桌球教練，需要一點決心。她給自己的條件是「既然沒有職業球員的學問，能拿出的只有不斷地勤練」。也因此，我度過了快 9 年的「1000 次來回」試煉。

　　跟我對打的一直都只有母親。如果在 900 多次時媽媽失誤了，我會生氣發脾氣；如果我無法進入狀況、打得不怎麼順利，媽媽也不會讓步、不可能說沒關係。我大哭、爆哭、耍賴哭都沒有用，這份堅持與執著只有一次例外。還記得那天我們打到晚上 10 點，球場得還給別人。媽媽說：「好吧，今天先到這裡。」在我還來不及歡喜的同時，她又接了句：「明天要成功兩次。」

　　也許不少人覺得，其實一個孩子只要耍賴，媽媽不可能堅持

下去，為什麼我不抵抗呢？我曾經有。我曾討價還價，跟媽媽說如果我姿勢非常正確，可否打到 800 次來回就好，也曾提出要不要先訓練別的項目也好。但說到底，「我不打了」這個選擇似乎不存在我的腦海中，因為我知道得到的回應一定會是：「不打就不打，以後也不用打了，我不教妳更輕鬆。」

對一個小女孩來說，那好像被丟棄的感覺。也許現在我這樣對自己的女兒說，她可能會天真無邪地就跟桌球說拜拜（笑），但那時候的我是做不到的。因為這一場惡夢，我學會了「說到要做到」的人生道理，9 年多的苦熬下來，我學到了堅持的能力。

13 歲之後我換教練了，不再每天做這件事。狀況不好時，站上球場卻還是能靠著手感打球，有時候不管多緊張，身體還是自然揮拍。我終於明白：「啊，原來那場惡夢，是把桌球烙印到我的手上了。」所謂「閉著眼睛也能打」，大概就是這個意思了。

もしも自分の子どもの名前だったら。

あなたはそのロゴを足で踏めますか？

如果是小孩的名字，你會捨得放在地上踩嗎？

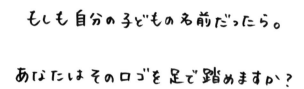

16

越是感謝，要越用力表達

很多人都說面對生活要有「同理心」，聽起來好像老生常談，要做到卻也不容易。

某次受訓完，其他球員問我：「小愛，妳怎麼很累的樣子，今天的練球應該不至於那麼累吧？」我說：「腳跑得好痠呀，因為想繞過贊助商的 Logo。」

比賽是職業選手的舞台。不只是桌球，任何運動項目要辦一場比賽，都需要很多工作人員在背後協助完成，同時需要經費、贊助商的支持。除了球衣、球鞋、球拍外，最常見的贊助方式就是放看板、廣告標語或是地貼。

如果地板上有贊助商的 Logo，我會盡可能繞過去，不要踩到贊助商的名字。

要整塊廣告地貼都不踩到，實在太難了！假如這個品牌叫做

「LOVE」，我會盡量踩在 L 的右上方、O 的正中間、V 的凹槽處、E 的兩個右邊開口處。其他人聽了覺得不可思議，那不是「變超忙」？

　　但如果那是自己創造的品牌呢？如果那是自己小孩的名字呢？一般人會捨得放在地上去踩嗎？一定是想避開它吧？答案應該很明顯。

我相信只要情感上有連結，就不會想「踩」到 Logo。對贊助業者來說，品牌像是自己的小孩一樣，只要一想到這點，我便無法踩下去。

某次，有個學弟想把球衣放在地上拍照，因為球衣有贊助商的品牌或企業標誌，我跟學弟說：「不要把衣服放地上，那樣不太尊重。」他聽了我的理由被說服，之後不再這麼做。

只要有同理心，看待事情的方式和角度會不一樣。

此外，要知道體育選手是很孤獨的，不僅僅是訓練的辛苦，還要扛起出賽的壓力。這些不為外人所道的點點滴滴，不在這個圈圈裡，恐怕很難體會。

我從 3 歲 9 個月開始打桌球，一打就是 26 年，一路支持我的

動力，除了本身對桌球的熱情以外，更是因為一件事：有小朋友看見我們的存在，因而在「我的志願」寫下「長大我想當一名桌球員」。能成為激勵他人的偶像，真是太好了。

所以這 20 多年來，我常常想著，幸好我們有舞台，幸好我們辛苦過後能有上台表現的一天，如果沒有那些支持我們的企業，夢想就無法成真。

帶著感恩的心情去看，繞過 Logo 跑步真的沒什麼，了不起多跑幾步、撿球時繞點路罷了。桌球不是什麼世上最受歡迎的體育項目，所以一想到有人願意支持，便湧上感激之情，想要用自己微小的力量表達感謝。

緣分就是這麼奇妙

10 幾年前我來台灣打公開賽，飯店附近有
家賣燈的店，因為我很喜歡燈飾，於是買
了一個超大的燈，當作自己比賽的獎品。
回到日本，車子完全放不下，只好特別從
機場宅配回家，大費周章後發現電壓不合，
淪為裝飾品。現在這盞燈又回來台灣了，
它就是注定要待在台灣的命。

眼淚 是 付出

涙は尽くす

chapter 3

人は人生において 100%の愛を

得ることができる。

それぞれ 違う 場所から 得るだけで。

每個人生命中都有 100 分的愛，只是從不同的地方得到。

17
愛不會總是柔軟的

大家應該都對我媽不陌生——福原千代女士（笑）。有人看了我的紀錄片叫她「虎媽」，說她教桌球很嚴格；有人欽佩她，能夠把 3 歲小孩拉拔成一個專業球員；也有人覺得她對我超好，一路教我桌球到長大，成就了我的事業，犧牲了自己的青春。

這些都沒錯。但說來也許大家不相信，我以前常在心裡想的是「媽媽是不是恨我？」（大笑）

比起媽媽和女兒的關係，我們更像是教練和選手。直到現在，我都記得小時候她對我講的每一句嚴厲訓斥，一句句：「不想練就不要練了。」「如果現在不要打，以後永遠都不要打。」「今天妳走出去休息，以後就不用再來了，我不要浪費時間。」對一個還沒上學的小孩來說，母親代表一切，「媽媽拋棄自己」如同天要垮下一樣地令人崩潰。

我的成長過程，紀錄片裡都看得到。以前我總是不斷地思考：

「妳怎麼捨得罵我？」「妳是不是恨我？」內心小劇場裡的各個戲碼，絕對超乎大家想像。

直到現在，自己有了小孩，由於我的個性偏向對孩子百般溫柔地呵護，也會不禁想：「我媽真的很做自己耶，她居然有辦法開得了口，對我說出那些嚴格的要求⋯⋯」如果要我對あいらちゃん這樣說話，絕對做不到。

小時候我以為自己沒有得到愛，至少從媽媽身上沒有。一直到長大了、懂事了，我才明白桌球這條路，是媽媽替我鋪好的；我確實沒有從她身上得到想像中的愛與情感，但在我堅持投入桌球將近 20 幾個年頭中，遇到超多給我愛的人，追溯源頭，那正是她給我的愛。

剛開始打球時曾被電視台訪問，遇到了記者佐藤修先生。透過富士電視台的紀錄片《鏡頭下的四分之一個世紀》，為我博得

了好多關愛。贏球了，球迷給我支持加油，那是愛；輸球了，他們還是鼓勵我、安慰我，幫我分析對手策略，那也是愛。還有像是這樣的愛——到了一個異地，有素昧平生的人肯無條件地幫助自己。

從小去中國訓練，慢慢開始學東北方言；長大一點了，在俱樂部跟著中國教練學普通話，看到每個東西都會問：「這個中文怎麼說？」讓我多會了一種語言；和教導我球技的中國籍教練「媛姐」相遇，給了我好多讓心志強大的方法；遇到小傑、遇到疼我如親生女兒的江爸、珍姐，我來到了台灣，這裡也充滿愛。

我突然間明白了。原來不管是誰，每個人生命中都會有100分的愛，只是從不同的地方得到。

有些人在家裡得到萬般呵護，有些人長大後得到眾人關愛；有些人一出生就被拋棄，但長大後交友廣闊；有些人早早離家打

拚，但事業上有貴人相助；有些人的原生家庭並不美滿，但遇到了懂得愛的人結為連理，打造美滿的另一個家。每個人其實都會蒐集到 100 分的愛，只是來源不同。

　　曾有朋友跟我說，她成長的背景不受父母重視，覺得沒有自信，常常想「自己是路邊撿來的」。那時，我已經來到台灣了，除了全日本對我的關心，還多了台灣人的溫柔對待，就算童年回憶裡沒有媽媽的呵護，但長大的我發現自己擁有許多無私的愛。所以我立刻回答：「怎麼會？也許妳沒有從父母那邊得到一般人所謂的愛，但空出來的地方，會有其他人的愛來補上。」

　　我相信我的路是媽媽鋪好的，沒有她，就沒有今天的我。一點也不誇張，沒有媽媽的嚴厲，我不會被日本人認識，不會打桌球 26 年，更不會遇到老公，不會有現在這樣充滿愛的家，也不會有那麼多台灣人給我無條件的愛。

　　認識我媽媽的人都明白，有 3 個字形容她最適合——「做自己」（笑）。直到現在，媽媽年紀大了，還是依舊堅持去桌球館打球、看球，連女兒有事請她幫忙，仍是以桌球為第一優先。記得有次請媽媽幫我待在日本的家收件，因為宅配人員要送あいら

ちゃん的東西來，當天如果沒收到，之後要出國就會來不及。但
媽媽說什麼也不願意多待 30 分鐘再出門，「我要去球館。」她就
是不斷重複這 5 個字，當下我超生氣，氣到打電話給老公抱怨：「你
看看千代姐（媽媽的名字）啦，連孫女的事情都不願意妥協！」

　　隔天再想起這件事，在表面的氣憤下，我心底有另一層明白：
或許，她的拒絕也代表著她把我培養成「現在的福原愛」的執著。
如果沒有那種莫名的堅持，如果她不是一個會跟 3 歲小孩講超級
無敵深奧原則的媽媽，或許我不會是現在的我。

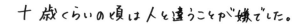

十歳くらいの頃は人と違うことが嫌でした。

二十歳を過ぎてようやく.

人と違うことを受け入れられるようになりました。

10 歳時，我討厭自己跟別人不一樣；
20 歲後，我發現好險自己跟別人不一樣。

18
好險我跟別人不一樣

如果問我人生遇到的第一個重大挫折是什麼，我會立刻回答「10歲搬家的時候」。大家都知道我從3歲9個月就開始打桌球，之後就接受一連串嚴格訓練，打不好會哭、被訓斥會沮喪、比賽也不可能每次都贏。但對我來說，真正嚴重的「挫折」，卻是在這一年。

10歲前在仙台時，因為從小就生活在那裡，沒有人覺得我是稀世珍寶，隔壁鄰居、學校好友和商店街的老闆，都不曾因為我是「小愛」而尖叫。後來，為了接受更好的訓練而搬家。在這裡，我面臨了人生的第一個危機——每個人看到我都會尖叫，每個人看我的眼神都特別奇怪，每個人都會竊竊窣窣地說：「是愛ちゃん、是愛ちゃん！」有人會走過來摸一下我就跑走，大叫著：「我要告訴我媽，是愛ちゃん！」有小朋友會嘻嘻哈哈地要跟我合照，也有人就那樣瞪著我看。

我不知道他們是誰。

「為什麼要這樣？我很奇怪嗎？」是我腦中唯一的想法。

10 歲這一年，我陷入無止境的憂鬱，我不敢跟太多人說話，很怕自己說了什麼，又會出現「特別待遇」。這一年，我才第一次明白，原來，我跟別人不一樣。

有好幾個學期，我都是獨來獨往，不知道自己能跟誰說話，大家都當我是特別的存在；我像是動物園裡面的獅子老虎，好多人在旁邊指指點點。

當時不太會說關西腔的我，比較無法跟其他人溝通也是事實，但最關鍵的事情是，我把自己的心靜止了。當時的我還沒成熟到可以面對外界的衝突，我想說什麼也不多做，至少就不會有更多尖叫四面迎來，不會收到更多的關注。

現在回頭看，大家可能覺得我是在炫耀名氣，但真的不是。

對當時的我來說，超級討厭自己成為特別的個體，我討厭吃飯排隊的時候，盛飯同學說：「小愛要打球，多吃一點。」惹來其他想吃的同學不悅；我討厭想做什麼時總有人說：「小愛要打球，不要去比較好。」怕我受傷、怕我不能打桌球、怕我怎樣怎樣，各式各樣的原因都有。

我被關進內心的高樓，動彈不得。

那一年，還有某件往事，特別能證明我的「奇怪」。7歲時，有一次學校提早放學，我和好朋友相約去找傳說中有白天鵝的地方。到了池塘，發現並沒有白天鵝，兩人便失望地回家。前後不超過1小時，回到家才知道，原來學校有通知家裡今天提早下課。

而我家人，報警了。

迎接我的是家門外嗡嗡大響的警笛聲，經過解釋「到底跑去

哪裡」的一番波折後，免不了換來一頓怒斥。這時候，我還沒發現有什麼特別，「大概晚回家都會這樣吧！」我這樣告訴自己。隔天在學校遇到好朋友，心想她大概也是一樣「慘烈」吧。沒想到她爸媽只問了句：「今天比較晚耶？」聽了尋找白天鵝的故事也沒有太多反應。

而我陷入震驚：「原來，我是不一樣的。」

我的好朋友、經紀人都聽我說過這段挫折，每一個人都會問：「那妳是何時才開始不在意這些事情的？」說起來大家可能不相信，大概是到 20 歲後，我才第一次接受自己的特別。花了 10 年的時間，我才真正想開這件事。

2011 年日本發生 311 大地震，我的家鄉仙台出事了。雖然很長時間沒有在仙台生活，對於那裡的一切，我仍舊好好收藏在心底，帶朋友去日本玩，第一個想到的就是仙台、就是東北。事發

時我在海外比賽，震驚不已，一直想為仙台做些什麼。

　　此時，才發現，原來我有能力做很多事情幫助家鄉的人，我的特別，第一次有了意義。

　　災難事發當時，我人在國外打世錦賽，接著又有波蘭公開賽行程，只能先把那一年的獎金捐出來，等待後續才能去災區探視。因為災情嚴重，根本沒辦法郵寄物資，我們特地開大貨車過去。我還記得自己寫了 800 多張加油打氣的鼓勵小卡，一張一張慢慢貼到各個箱子上，然後親筆簽上名字，表達想傳遞的信念。

　　大概是這之後，我才真正接受了自己的不同。以前總是居住在自己心中的高塔，這時終於發現原來有人認識我、知道我是「打桌球的那個小愛」，我有一些能力幫助災區。一開始會擔心：「會不會我去了，根本也沒有幫助？這些人的家都倒了，甚至失去了家人，哪還有心思管誰去探視呢？」

不料到了當地，大家都跟我說謝謝，本來我是想給他們力量，結果反而是我得到了救贖。大家因為認識我，得到一些勇氣和不放棄的心情，我的特別有了不同解讀。後來回去家鄉，會看到大家都把當時的簽名與鼓勵話語保存起來，貼在黑板上，常有當地人告訴我：「我們正一步一步地往前走。」讓我感動不已。

　　10 歲的時候，我以為自己是奇怪的存在，討厭自己跟別人不一樣；20 歲過後，我發現自己有一些能力，至少可以幫助對我而言重要的人。

　　好險，我跟別人不一樣。

 # 學以致用

里約奧運時住宿房間的馬桶壞了，大家都
說我很厲害怎麼會修馬桶。原因很簡單，
小時候想找地方休息不想練球時，唯一能
去的地方就是廁所。那時沒有手機，只能
觀察馬桶，所以我很了解裡面的構造。

江くんと私の幸せの根源は

1mmも「卓球の愛ちゃん」として

接してこないから。

跟小傑在一起的幸福，
是因為他沒有把我當作「福原愛」。

19
幸福是，愛我原本的樣子

　　很多朋友看了我跟小傑拍的實境節目《幸福三重奏》，都問我：
「妳跟小傑真的這麼恩愛呀？」「你們平常的真實生活也是這樣
嗎？」還有很多網友、球迷都會上網留言，覺得我們「好閃」、「不
科學的閃」。（我也是來到台灣之後，才學會「閃」這個字）（笑）

　　其實，我跟小傑的幸福，不是大家認為「甜言蜜語」的閃，
更不是覺得對方什麼都最棒最好的迷戀。相反地，小傑總是對我
實話實說，沒有把我當作「福原愛」，就是因為和大家給我的恰
恰相反，我們才能走到今天。

　　很多人因為認識我，常會對我有些特別的禮遇或優待；和我
相處的每一個人，免不了把我當成「福原愛」。可能有人聽到這
句話會有種不明就裡的幽默——「不然是把妳當成誰呢？」

　　看多了童話故事或浪漫愛情裡的幻想，很多女生享受著超級
呵護與備受寵愛的感覺，認為那是一種愛情表現。

和小傑在一起的幸福正好相反，他只對我說實話。

我胖了，他絕對不可能說「很瘦」；如果我穿了一件衣服醜，他絕對不可能說「美」（所以心臟要很強喔）。經紀人每次看了都會笑說：「老婆或女友問說好不好看，當然是無條件地回答說『好看啊』，還想什麼？」但小傑不會，他認為：「如果妳穿這樣不好看，我為什麼要讓別人看到呢？」他總是給我最真心的建議，希望讓我走出去的樣子是美美的。

正因為他沒有把我當作「從3歲9個月起就打球的福原愛」，也沒有覺得我應當被禮遇或當個公主就好了，因此，他讓我看到許多真實的自己。

小傑最常對我說的是「妳要愛自己」、「有事要說出來」，他不會因為面對福原愛就憋著真心話不說。所以他也希望我有話就說、不要把委屈藏心底。我是日本人，非常習慣委婉的講話方

式，事事點到為止，有相反意見也常不會直接表達。但是小傑的出現，讓我開始懂得聆聽自己。雖然到現在我還是有很多地方做得不夠好，但他已經讓我能自然地哭、自然地笑。

如果問我婚姻的理想形狀是什麼？我會說，希望每個女生都能體會到這樣的幸福：不是只有放閃、只有表面的甜言蜜語；真正愛妳的人，會讓妳的心情自由，並且看見自我、重新認識自我。

心靈層面的浪漫是如此，那生活中的呢？具體而言，小傑讓我最感覺被重視的舉動就是「參與」。參與我的一切，不只是金錢上的支持，也不只是陪伴，而是「有意識」地用心參與。

一般大家認知裡的好老公、好男友，願意陪另一半逛街就很好了。有耐心一點的，可能會默默地在旁邊等、滑手機或是幫忙付錢、扛重物；沒耐心一點的，可能會催促該走了、希望不要逛太久。但小傑是會參與的人，他會實際拿起那些衣服在我身上比，

會幫我挑材質、找適合的花色，要我先試穿再決定。他還會幫我拍照，讓我看看不同角度的樣子，想想以前有沒有穿過？未來可以在什麼場合穿？以免買了卻沒有機會亮相。

　　即使是買耳環之類的配件，他也會幫忙在我耳邊試戴、回想有沒有類似款式、挑適合我的風格材質。這樣的過程，不是「誰陪誰」，而是「我們一起做一件事情」。

　　還有，如果我突然想吃某個特定的東西，但恰巧不順路或是時間太晚的話，他都會記在心裡；查好餐廳資訊，趁著假日出門帶我去，把我說過的話轉化為實際行動。

　　結婚後的日子難免被柴米油鹽醬醋茶包圍，又有兩個小孩，總是被瑣事纏繞。但是他積極參與我們生活的大小事，不管是不是「女生」的事，都願意一起討論，讓我獲益良多。

那些獲得，就叫做幸福。

這些時刻，我發現自己得到了天大的幸福。

　　如果小傑跟別人一樣，把我當成「福原愛」，搞不好在我嘴饞時，選擇勉強自己出門買，討我歡心。久了，難免配合到太累而發脾氣，這絕不是我想要的；又或者只是出錢，讓我生活無虞卻從未把我的需求放在心上，久了，可能會變成各過各的，走不進對方的生活，這更不是我所追求的。

　　所以，與其說我們很「閃」，不如說，是小傑沒有把我當成是一個知名的人，我們才能找到幸福。

ディズニーランドで結婚式を挙げた理由は、

お世話になった方たちのお子さんの笑顔が見たかったから

在迪士尼舉辦婚禮不是炫富，而是希望完成許多人的夢想。

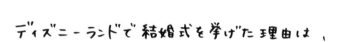

20

冠軍以外的夢想

回想籌辦婚禮的過程，我覺得自己很像個導演。

2016 年決定結婚後，9 月 1 日我們先做了登記。隔年元旦在小傑的家鄉宴客，接著回日本辦第二場婚禮。很多人都知道我的日本婚禮是在迪士尼樂園舉辦。有媒體報導覺得浪漫可愛，但也有人批評：辦兩場婚禮實在太高調、太炫富了。

可能很多人覺得迪士尼樂園就在日本，我又是日本人，應該很常有機會去才是。但其實，迪士尼對我來說，是個夢幻且遙遠的存在。大概得拜託爸媽 5、6 年，才能求到一次去迪士尼的機會，而且還要打球成績夠優秀、拿到冠軍的前提下，才能得到這個獎勵。

迪士尼不是日常的場所，是一個承載了許多孩子夢想的所在，童年的我也是其中之一。就算長大成人，我也不見得能經常去這個夢幻樂園，多半是有朋友來玩才會特別去。所以我時常想，一

定有很多人跟我一樣，對這個樂園懷抱無限的憧憬，卻遲遲沒有一償宿願的機會。

雖然我結婚時還不到 30 歲，但因為從小打球的關係，結識了不同年齡層的好朋友、各界人士，加上親戚中不少人已經結婚有小孩，我猜想不管大人、小孩，都會喜歡這個夢想園地吧！因此決定婚宴地點時，第一個想法就是：「我可以幫大家實現夢想了！」

日本的婚禮，宴客廳前方有一張長長的桌子，新郎和新娘會坐在這裡面對大家，因此能清楚看見來參加婚宴的每一個客人。我就像個導演，主導著節目推進，當米奇、米妮上場，大人和小孩都露出滿足的笑容時，那一刻真的收穫滿滿。那種幸福不是在迪士尼當新娘有多浪漫，而是看到每個人因為我的婚禮而更接近夢想，讓我非常非常開心。

當然，我也聽到一些質疑，像是：「幹嘛辦兩次婚禮，該不

會把自己當公主吧！」說實話，當下真有些鬱悶，但我選擇沉默，我是一個有目標就要完成的人，所以一旦決定了方向──婚禮不只是婚禮，而是能讓更多人感到開心的時刻──我就專心不二地前進，因為這是我自己要走的路。

生活中常會出現「做或不做」的猶豫，導致自己無法下定決心的原因，往往是來自於他人，而非自我意願。現在回頭看我的迪士尼婚禮，就算被再多人誤解，我的心意最終還是順利傳達給來參加婚宴的每個人，這樣就值得了。

　　外界對我的誤解是人之常情，畢竟每個人想法不同。在迪士尼舉辦婚禮確實得花不少錢，也不是每個人都能做到。但是到現在，若問起我的婚禮，我最先想到的不是那些負面評論，或是令我難過的心情；反而是坐在前桌面對大家的激動心情和每個人的笑臉，更深地烙印在我心裡。

　　我不斷在整場婚禮觀察每一位賓客朋友從中得到的幸福感，那份悸動，也變成我的幸福。

　　如果每位賓客的幸福感是 1 分，我累積了所有人的 1 分，便成了 100 分。有了這份回憶，讓我覺得還好當時堅持了下來。

 # 男友變老公的差異
某次和大家一起吃飯，外面突然來了好多
閃著燈卻沒有警笛聲的警車。朋友說可能
是在埋伏，我問小傑，如果發生槍戰我被
打中了，他的反應是……？小傑說他會丟
下我逃走，因為不能兩個人都死掉，小孩
怎麼辦。（超實際派老公）

私と距離感があるなと思ってる人は

私のことを"福原愛"としてしか見てない人。

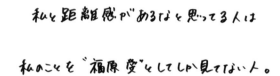

太把我當作「福原愛」的話，其實會覺得我很有距離。

21
我 的 兩 面

———————

準備新書內容時，除了希望跟大家分享自己對事物的想法外，也藉由這機會好好看看自己。對我而言，這本書不只是單方面我給大家建議，更是在回憶的過程中，深入探索自己的內心。

有一個國小就認識的超級好朋友曾對我說：「小愛，妳雖然看起來很親切，但在某種程度上，對外人來說很難親近。」她指的不是我對她，而是我對其他人。我想了一下，發現她說得沒錯，從那次之後便一直把這段話記在心裡。

不論是在工作場合或是網路留言，我的確收到很多人覺得我很好親近的回應（自己說？）（笑）。確實，我不太怕生，和誰都能互動，不會害羞內向。畢竟我從小就一個人到外地去比賽，多少養成了外向性格。

自我分析了一下，我的心圍了三層圓圈。從最外一圈往內走，要進入第二層不算太難。但是，要從第二層走入核心圓裡，得花

上很久很久的時間。除了家人，很少人能夠抵達。這位好朋友，因為我們自幼便非常要好，所以很早就進入核心圓裡。

　　為什麼會這樣呢？我雖然外向，但個性敏感，也許是不到 4 歲就開始打球，生活中太多人來來去去，對我好的人很多，但免不了偶爾仍會遇到「壞人」。我最怕心機重的人，只要一感覺到對方有所意圖，便會立刻退縮；但有時候，沒那麼快發現對方目的，又或是他偽裝得很好……所以我才會替自己虛擬好幾層圓圈，避免彼此誤會。投緣的人很容易就來到第二層圓圈，經過時間考驗，要是我驚覺對方的心機，就會悄悄把他「挪」到外層去。

　　通常會覺得我很有距離感的人，都是因為我感到對方「太把我當福原愛」了。只要有這層感覺，就會變得不好釐清對方的動機，只好讓他待在外圍的圈圈久一點。前面提到的那位好朋友，是我還不那麼有名時就認識的，所以我知道她是喜歡真的「我」，多過於喜歡福原愛。

　　反過來說，也可能經過一段時間，原本被我放在最外圍的人，漸漸讓我感覺他是真的關心我，就會讓對方走進離我最近的圓心。

　　不是長大後才認識的人，就不能成為我的好朋友，沒有那麼絕對。

這只是我自我保護的機制，絕不是大牌或難相處（笑）。而是在我小時候還分不清楚世界黑白前，用自己發明的方法來區分善意或惡意，而區分需要時間。

還想跟大家分享一個例子。

我每天晚上都會整理完碗盤、洗好衣服、收好衣服才去睡覺。聽到這些話，大家可能會說：「好勤勞，好賢慧。」但事實是，我的個性真的超‧懶‧惰（大家聽了不要太驚訝）。

一定有人會覺得奇怪，懶惰的人怎麼可能會做這些事情？因為我告訴自己，要以「督促」的心情處理家務。以我的懶惰DNA來說，沒事的話，大概可以躺著什麼都不做，放空度過一天（別說一整天，搞不好一整週都可以）。

我非常害怕那種懶惰的個性跑出來，因為依慣例，1天沒打

掃、第 2 天大概也不會整理、再接著第 3 天……很快地累積到 3 個月後，家務都不知從何做起了。

　　其實我是因為超級懶惰才變得超級勤勞，太害怕有一天會跌倒在那個懶惰深谷中出不來，所以才緊繃地「督促自己」，希望自己做到最好。我想拉住自己。

　　有時候我們會用自己的想法來看外面的事情，但那不一定是真正的事實，搞不好像我一樣的人很多。有些事情眼見也不一定為憑，很神奇吧！

　　所以，偶爾，當我們會想要批評別人的所作所為前，可能還要再多想想吧！

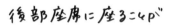

後部座席に座ることが

こんなに幸せなことだと思わなかった。

沒想到坐在車子後座會如此感動。

22
轉念之間看見愛

從我有記憶以來，就一直拿著球拍了，如同大家在紀錄片中看到那樣。

媽媽總是告訴我：「這是妳自己的選擇，所以要好好做。」的確，我記得是自己想打桌球。會拿起球拍的原因，是哥哥也在打桌球，我想要像哥哥一樣。所以我也曾想過，如果哥哥當時是在玩其他的運動項目，我會不會走上不同道路呢？

踏上桌球這條路後，其實有好一陣子自己也不太明白到底是為了什麼？並非不喜歡桌球，我當然是真心喜歡，但也有一點……沒有其他選項的感覺。這條路是家人為我鋪好的，我只能照著往前走，沒有停下來的權利，就像上了高速公路後，連休息站也沒辦法去的感覺。

大學時，為了去早稻田大學運動科學部上課，得通勤好幾小時，遇上塞車的話更是要花上 3 小時。有一次為了出國比賽，連

續3週沒去上課，回到學校後趕緊跟老師報告。老師只跟我說：「不想念書的話，就回去！」我聽了只能默默回家，那堂課當然被當掉了。

我曾經很疑惑，我不能正常上學嗎？為什麼我沒有選擇權？

一直以來，只要老公開車，我都堅持坐在副駕駛座。經紀人曾跟我分享，如果只有兩個人搭車，國際禮儀上，為了不把開車的人當成司機，另一個人就應該要坐在副駕駛座。但我卻覺得這個位置是老婆或女友專屬的，別人當然不行，所以我不同意經紀人的說法。

前一陣子帶小孩出去，あいらちゃん不到兩歲、兒子才幾個月，兩個人都在後座睡著了，睡得脖子歪歪，要我用手扶才不會東倒西歪，我只好以奇怪的姿勢坐在後座中間。

那曾經是我很不能接受的位置。

生完第二胎後，都是珍姐幫忙買早餐，一直到身體恢復得差不多，出了月子中心，我才自己帶著女兒去早餐店。珍姐沒跟我說過她習慣去哪家，我抱著女兒在幾家店前面猶豫時，聽到某位老闆娘高喊：「あいらちゃん！」我才知道，哦，原來是這裡，而女兒也興奮地跟老闆娘說早安。這時才趕緊上前自我介紹：「您好，我是あいらちゃん的媽媽。」

那一刻，我不小心熱淚盈眶，有想哭的衝動。我不只是「福原愛」，還是「あいらちゃん的媽媽」。

我原本相信老婆唯一的位子就是副駕駛座，那是一種浪漫、也是一種名分。但現在明白了，就算用不舒服的姿勢完成一趟旅程，只要是一家人在一起的時光 —— 有小孩依賴著我的雙手，我們一起依賴著開車的老公 —— 不管到哪裡都是愛。

從 3 歲 9 個月開始打桌球，一路上都在螢光幕前接受檢視，各種訪問、節目、比賽⋯⋯接踵而來，我不敢說自己多有名，但我能很有信心地說出，自己走過旁人想像不來的歷練。30 歲的我，以為自己感受過了世上所有的情感類型，沒想到，人生轉個彎，又會有不一樣的收穫。

我曾以為自己沒有選擇、是被推著走的，然而這段只能前行不能後退的桌球路，慢慢地走、走到底，竟發現了家人給予我的愛，其實多到不行。

我曾懊惱不能像個普通人好好享受校園生活，但另一面帶來的卻是——我飛到世界各地實踐桌球夢，讓更多人看見這顆小小球的魅力。

我曾無奈只因為我是「福原愛」，一舉一動都注定要被放大

檢視，永遠不可能卸下「福原愛」這3個字。可是現在，我多了
個名字叫做「あいらちゃん的媽媽」，這是我活了這麼久，第一
次擁有的新鮮經歷。

　　原來愛，會在不同時期以不同形狀出現。

自分で出ている番組やCMは

見ないようにしていた。

そうすることによって自分を保っていた。

我從來不看自己的採訪或廣告，這樣才能避免瘋掉。

23
比賽終了，我不哭

————

　　若說有什麼事情是「小傑叫我做，我一定會生氣」，其中之一便是要我看自己的節目或新聞。我會很認真回答：「我不想看。」

　　從小到大，我的原則都是如此。當電視會播出自己的畫面，或是新聞報紙上出現報導時，完全不多看一眼，至少懂事以來，都是如此堅持。電視看到一半，有我的廣告出現，我會關掉；朋友傳來新聞內容想跟我討論，我常常不知道發生什麼事，頂多瞄一眼，也不會去搜尋相關連結；或是有人說昨天看到我在某某節目上，我總是很驚訝：「已經播了？」絕不會特意去收看。

　　因為我不想瘋掉。

　　這個世界上有兩個福原愛。

　　我總覺得，必須清楚切割身為「公眾人物的我」和「真正的我」，才能完整自己。

如果把「身為公眾人物的我」當成「真的我」，拍完廣告後、結束訪問後，每天都在意別人對我的評價，去哪裡都怕被偷拍……什麼都無法放下，那我會瘋掉的。

　　我希望大家開心，相處愉快。但是現實生活中，我不可能討好所有人，如果不阻止這些東西進入我的私生活，我絕對維持不了現狀。

　　工作時間結束，我就回歸生活。雖然電視上那個人是福原愛、但工作以外的我也是福原愛，我就是個平常的普通人罷了。站在螢光幕前的球員福原愛，即使有一點點名氣，但那不是我，我必須記得初心、不能自以為是。福原愛講錯話了，是那個球員的「她」講錯話，「她」應該道歉；若福原愛沒有做錯事，卻被網友、輿論罵，我不用傷心，因為覺得委屈的是「她」。

　　可能會有些人覺得這樣區分很無情，我也不是想把自己變成

雙面人，只是希望打造有限度的合理保護色，讓真實生活中的我不受影響。如果不在工作和生活兩者間劃清界線，自己會變成動物園裡面的貓熊，被群眾注視著，回到家還是脫離不了高速旋轉的狀態。又或是說，也許大家沒有把我當貓熊，但我卻覺得自己被圍觀了，以為自己越來越紅、以為自己很了不起，那種誤解太危險了。

想要維持內心在最原始的狀態，這是我選擇的方式。

曾有和我一起工作的夥伴說過：「小愛 on 跟 off 的時候，差別極大。」是真的，我最不喜歡的就是在私人聚會上還得討論工作，相反地，工作時我也不會像日常生活時那樣放鬆。我希望自己一進入工作狀態時變成另一個人，結束工作後，做回自己，所以，福原愛有兩個。

還記得決定退休後，跟學姐、前輩們聊天，大家討論到過往

的比賽生活，結束後，會不會一直想著輸球的事？會不會想到睡不著？幾乎每個人都點頭說會，還有人天天想到失眠，球員生涯過得很辛苦。

我聽了之後相當驚訝，因為我完全沒有這樣的經驗。不是我不在乎比賽結果，我在球場上確實在乎輸贏，一輸球很容易哭。賽事期間不太思考其他事，只想著比賽，一邊哭、一邊在意結果，所有的情緒都在球場上完成。

然而走下賽場後，我就不會再去想輸贏。假日不用練球時，會把手機關掉，躲在房間裡發呆、放空。進入真正的 off，才能在 on 時更有力量。

每個人 on 和 off 的差異度不一樣，我的方法未必是唯一路徑，大家也可以去找到自己的開關，為自己保存最純粹的力量。

話不要亂聽比較好
這次邀請了在日本超級有名、地位超級崇高的篠山紀信大師來拍攝新書照片。有一天經紀人說：「篠山大師XX日會來飯店。」我一聽好驚慌，心想「小三」還加上「大師」，難道是很厲害的小三嗎？（眾人狂笑）哎唷～中文真的很難。

いつか子どもたちの口から

「大きくなったら卓球選手になりたい!」という

言葉が聞けますように...

希望有一天,能聽見孩子說:「長大後想當個桌球選手!」

24
讓桌球成為更多人的夢想

2018 年 10 月 21 日,我宣布退休,結束球員生涯。

我從 2016 年里約奧運之後就沒有打球了。中間兩年時間,雖然經歷了新婚、懷孕、生產等人生大事,但心裡沒有一刻忘記過桌球。公開「退休」的決定後,很多人問我:「小愛,妳想了多久,才做出退休的決定?」

其實我一直都在想。

每天,每分每秒,都在思考下一步應該往哪裡走。桌球一直存在我的生活當中,但就像我在書裡說過「愛會用不同形式存在」;在那一刻我悟出了,對桌球的愛也是這樣。就算我決定不再當職業桌球選手,還是可以用不同方法來幫助我最心愛的桌球運動,宣傳它,讓更多人喜歡上它。

記得曾在結婚時說過,希望能夠把家庭的支柱穩固好了之後,

再繼續打造我已經努力了 26 年的桌球支柱。但，即使是短短兩年時間，日本不斷有新一代球員崛起，桌球風氣更盛了。於是我明白了，就算自己離開了也不用擔心，就選擇開啟另一條路吧！

　　世界各地的孩子都會被問：「將來想當什麼？」「未來的夢想是什麼？」我在日本出生成長、在中國受訓、現在住在台灣，不管在哪個地方，最常聽到的回答就是要成為老師、律師、醫師等等（在亞洲尤其如此）。因此，在決定退休之後，我的目標就是希望桌球選手能成為小朋友們的「志願」選項。聽到有孩子大聲喊說：「我要打桌球！」那就是我想努力做的，希望給大家多一個選擇（雖然多數孩子可能會說棒球或足球）。

　　從小到大，在日本遇到每一個給我的溫暖支持與鼓勵，我都記在心裡；到了中國，受訓的世界更是讓我學到好多，大家不吝於教我東北話，認識了同為教練及好姐妹的「媛姐」，我們的緣分永遠分不開；和小傑結婚後住在台灣，大家給我的無條件支持，

我也真心感謝。

　未來，我想要把桌球文化傳遞到世界各地，想讓日本的桌球環境更好，可以有更棒的跨國交流。我想要打造一個大眾可以更容易接觸到桌球的管道，想要有一天當孩子們說出：「我長大後想當桌球選手！」大家也絲毫不會感到意外。

　我人生際遇的共通點，就是「桌球」。沒有桌球，我的人生不會走到這一步，當然也無法認識一路上的貴人。還記得自己曾在電視專訪中說：「我不後悔走這一遭，如果能夠再重來一次，我會選擇走同樣的路。」因為不這樣走，就無法與每一個因為桌球串起的人生、朋友相遇。桌球對我來說不只是工作、職業，也不只是兒時的願望，而是人生路上指引我遇見貴人的一盞光。這就是我想要回饋桌球界的最大原因。

　任何行業都有辛苦的一面，專業運動選手除了辛苦外，還要

能面對「寂寞」，畢竟每一次的輸贏都只能自己獨自承擔。但是，回頭看，我也得到無可取代的開心與感動。

以往，孩子們可以「喜歡上桌球」的機緣入口很窄很窄，沒有地方接觸就沒有機會能愛上。雖然現在情況已經漸漸好轉，但我總希望還可以再更好。

雖然我從球場上引退了，但依舊盼望自己能在不同的舞台上，為大家開啟進入桌球世界的大門。

 # 凡事都可以是 C/P 值
經紀人說她都胖肚子、屁股和大腿。我說我
相反，肚子屁股沒有肉，但臉圓、手臂粗是
我的困擾。換句話說，我的身材好吃虧啊！
露出來的地方都肉肉的，C/P 值很低，又不
能天天穿露肚子的衣服出門。（淚）

結語

每天都要努力下去

非常感謝各位讀到最後。

正因為有始終在身邊支持我的人，還有因為桌球轉戰世界各地時變得親近的人們，我才能跨越重重障礙。透過桌球累積而來的人際關係，讓我有了大幅度的成長。

回顧過往的桌球人生，我或許是個特例。

不普通的人生中，失去的東西很多、受到傷害的時候也很多，有時真想避開這一切，把所有都拋下。但是，從不放棄桌球是我的驕傲。

雖然我還不夠成熟，但接下來我還是會照自己的腳步，每天繼續努力下去。

最後衷心感謝支持我的各位、朋友及家人。感謝所有協助本書順利出版的每一個人和讀者們，致上我最誠摯的謝意。

謝謝。

最後まで読んでくださり、本当にありがとうございました。
私のことを温かく見守り、そして支えて下さった
皆さまをはじめ、世界を転戦していた私には
世界中に親しい人たちがいます。
色々なものを越えて、スポーツを通じて
育んできた人間関係が私を大きく成長させて
くれました。
卓球で築いてきた人生は振り返ってみると少し
特異な例なのかもしれません。

普通とはいえない人生は失うものも傷つくことも
大きな重圧…など多々あり、できれば避けて
通りたい、全てを投げ出したい、と思う時期も
ありました。

その中で諦めずに卓球を続けてこれたことは
私の誇りです。
まだまだ半人前ですが、これからも私らしく
毎日を積み重ねたいと思います。

最後になりますが、私を応援してくださった皆さま、
そして友人や家族に心から感謝しています。
またこの本を出版するためにご尽力いただいた方々、
興味をもって読んでくださった皆さまに心より
御礼を申し上げます。

ありがとうございました ♥

福原　愛

特別感謝 服裝提供

PAUL & JOE

FRAY I.D

SNIDEL

Ted Baker

DOUCHANGLEE

SNIDEL

國家圖書館出版品預行編目資料

不管怎樣的哭法，我都準備好了：從女孩到女人，福原愛的眼淚哲學 / 福原愛口述；彭薇霓文字. -- 初版. -- 臺北市：三采文化，2020.02
面；　公分. --（Mind map）
ISBN 978-957-658-291-2（平裝）

1. 人生哲學 2. 生活指導

191.9　　　　　　　　　　108021714

suncolor
三采文化集團

Mind Map 200

不管怎樣的哭法，我都準備好了

從女孩到女人，福原愛的眼淚哲學

口述｜福原愛　　文字｜彭薇霓
經紀公司｜華研國際音樂股份有限公司 **HiM** 華研國際音樂　　經紀人｜彭薇霓（Irene）
攝影｜篠山紀信　　服裝造型｜哈柏造型工作室 陳慧娟、林佳敬
髮型｜Hair-hc group（Sandy）　　化妝｜許花花
副總編輯｜王曉雯　　主編｜黃迺淳　　文字編輯｜張釋云　　校對｜黃薇霓
美術主編｜藍秀婷　　封面設計｜藍秀婷　　內頁設計｜魏子琪
行銷經理｜張育珊　　行銷企劃｜周傳雅、呂佳玲　　影像紀錄｜向銘軒
版權經理｜劉契妙　　修圖｜林子茗　　場地贊助｜蘭城晶英酒店

發行人｜張輝明　　總編輯｜曾雅青　　發行所｜三采文化股份有限公司
地址｜台北市內湖區瑞光路 513 巷 33 號 8 樓
傳訊｜TEL:8797-1234　FAX:8797-1688　　網址｜www.suncolor.com.tw
郵政劃撥｜帳號：14319060　戶名：三采文化股份有限公司
初版發行｜2020 年 2 月 7 日　定價｜NT$380
3 刷｜2020 年 12 月 15 日